IS GUANGZHOU OUT
OF THE FIRST-TIER CITIES

广州退出
一线城市了吗

城市综合竞争力比较研究

The Comparative Analysis of
Urban Comprehensive Competitiveness

王明亮 张清霞

著

社会科学文献出版社
SOCIAL SCIENCES ACADEMIC PRESS (CHINA)

前　　言

近年来，广州的房价跑输北上深。中商情报网发布的《2016 年 6 月全国城市房价排行榜 TOP 100》显示，除了被"北上深"抛开外，广州房价还比不上厦门、南京等城市。在仲量联行发布的《中国城市 60 强》和第一财经发布的《2016 中国城市商业魅力排行榜》中，广州排名同样尴尬。一些媒体因此断言"广州已退出一线城市"，引起社会热议。

"一线"是个相对概念，"一线城市"也不是一个严格意义上的学术概念。但无论如何，科学的评价体系无疑是准确判断的前提。本书在梳理国内外城市竞争力评估报告、学术论文等已有成果的基础上，提出了包含经济总量、产业结构、营商环境及创新能力等多个维度的评价指标体系，突出发展潜力评估。近年来，一些区域中心城市发展迅猛，为此，我们选择了国内几个有代表性的城市作为比较分析对象。其中，北京、上海、深圳是我国改革开放以来经济快速发展的典型城市，天津是环渤海湾区域的代表城市，杭州是互联网经济快速发展的代表城市，而成都则是西部快速发展的代表城市。这些城市，都是近年来我国城市经济快速发展的代表，也是所谓"一线城市"的有力竞争者，构成了本书比较分析的对象。

本书试图通过对广州、北京、上海、深圳、天津、杭州、成都七大城市的对比分析，给出一个国内相关城市发展现状与发展潜力的评价结果，科学回应社会疑问，同时也为上述各城市，特别是广州的进一步发展，提供决策参考。

目　　录

图目录

表目录

第一章 指标体系的构建

近年来，我国各地房价的差异化发展，引发了房地产业界及相关学术界的广泛讨论。一些学者及媒体甚至以广州房价脱离其他一线城市变动轨迹等现象，断言广州已经退出一线城市。何为城市竞争力？房价是否代表城市竞争力？如何看待广州的房价？广州是否已经退出一线城市？这一系列问题的实质是如何评价一个城市的综合竞争力，科学的评价体系构建至关重要。

1 城市综合竞争力定义

1.1 概念源起

城市综合竞争力源于国际城市竞争力。国际城市的概念最早是由苏格兰城市规划师格迪斯（Patrick Geddes）于 1915 年提出的，当时称之为世界城市（world city）。1966 年，英国地理学家、规划师彼得·霍尔（Peter Hal）对这个概念做了比较经典的解释。霍尔认为，世界城市是指能发生全球性经济、政治、文化影响的国际第一流城市。20 世纪 80 年代末和 90 年代，国内外学者又对世界城市做了进一步研究，在一定程度上拓宽了世界城市的内涵。学界普遍认为一个城市如果某一个方面或某几个方面跨国交流比较频繁，其辐射力和吸引力对全球和某区域产生重大影响，这类城市可称为国际性城市（international city）。因此，所谓国际城市，主要是指在经济全球化日趋加深的环境下，具有世界和区域中心地位和影响力的现代城市。这些城市具有雄厚的经济基础，城市规模较大、功能完善、开放度比较高，生产、流通、消费等经济领域和科技、教育、文化等服务领域，以及国际政治等诸多方面的国际交往十分频繁和活跃。

1.2 概念内涵

国外学者关于城市竞争力的研究要早于国内，提出的城市竞争力的概念主要有以下几种。

（1）Gordon、Cheshire（1998）指出，城市竞争力是一个城市在其边界之内能够比其他城市创造更多的收入和就业。这意味着一个城市的竞争力是城市之间在区位以及区位内的企业在优劣势相互比较中所体现出来的能力。

（2）Webster（2000）指出，城市竞争力是指一个城市能够生产和销售比其他城市更好的产品。非交易性劳务也是竞争力的一个重要组成部分。

（3）Ivan、William（1999）借鉴英国政府白皮书关于企业竞争力的定义、OECD 关于国家竞争力的定义，总结出城市竞争力的定义：城市竞争力就是城市生产产品和提供服务能够满足区域、国家和国际市场，同时能够提高居民实际收入、改善居民生活水平和促进可持续发展的能力。

（4）Iain（1999）认为城市竞争力是一个城市在自由、公平的市场经济条件下，为满足国际、区际或者城市间市场的需要而生产产品和提供服务的能力，并且能够同时增加其居民的长远的实际收入。

（5）Kresl（1995）提出了对城市竞争力有重要影响的六个因素：①能给居民提供高技术、高收入的工作；②生产的产品符合环保要求；③生产的产品品质优良，并且其需求的收入弹性较大；④经济增长率能够满足充分就业的需要；⑤城市在专业化发展中能够控制自己的未来，而不是被动地接受命运的安排；⑥城市政府能够不断改进行政管理绩效。

在国内，关于城市竞争力的研究还是一个比较新的课题，较早提出城市竞争力概念的是南开大学的郝寿义等人，然后一些科研机构和高等院校研究者也相继提出了城市竞争力的概念，其中主要有以下几种。

（1）上海社科院（2001）认为，一个城市的竞争力是指该城市在一定区域范围内集聚资源、提供产品和服务的能力，是城市经济、社会、科技、环境等综合发展能力的集中体现。

（2）北京国际城市发展研究院（IUD）课题组（2002）认为，所谓的城市竞争力，是指一个城市在经济全球化和区域一体化背景下，与其他城市比较，在资源要素流动过程中所具有的抗衡甚至超越现实的和潜在的竞争对手，以获取持久的竞争优势，最终实现城市价值的系统合力。

（3）华东师范大学城市与区域发展研究所课题组（2001）认为，城市竞争力是指在社会、经济结构、价值观、文化、制度政策等多个因素综合作用下创造和维持的，一个城市为其自身发展在其从属的大区域中进行资源优化配置的能力，从而获得城市经济的持续增长。

（4）中国社会科学院的倪鹏飞博士（2001）指出，城市竞争力是一个城市在竞争和发展过程中与其他城市相比较所具有的吸引、争夺、拥有、控制和转化资源，争夺、占领和控制市场，以创造价值，为其居民提供福利的能力。

1.3 概念定义

城市综合竞争力是一个复杂的系统，它涉及城市发展的方方面面，不能只以某一方面作为衡量城市综合竞争力强或弱的标准，以免以偏概全。试图用一个概念反映城市综合竞争力所包含的所有内容极为困难，必须抓住重点，纲举目张。为此，本报告对城市综合竞争力定义如下：城市综合竞争力是一个城市在一定的发展和竞争的环境中所具有的经济综合实力、辐射带动能力、对人才的吸引力、信息交流能力、科技创新能力、交通通达能力等各层面能力的总和。

2 城市综合竞争力评价指标体系构建

2.1 城市综合竞争力研究知识图谱

城市综合竞争力相关研究的学术成果丰硕。识别关于城市竞争力的经典理论以及知识脉络，辨析其起源以及演进脉络，探索其发展趋势，是进一步深入研究的前提。本部分基于 1986～2018 年 WOS 数据库中的文献源，选择信息可视化分析软件 citespace，以可视化的方式展示城市综合竞争力相关研究的发展脉络与结构关系，为构建科学、合理的城市综合竞争力评价指标体系提供理论基础。

2.1.1 文献统计分析

本部分以城市综合竞争力相关文献数据为研究对象，利用陈超美开发的信息可视化 citespace 软件，对被引文献和引文进行相应的数据挖掘和计量分析，以形成对城市综合竞争力的基本认知，为后续评价指标体系的构建奠定基础。为了保证原始数据全面、准确并具有较高的解析度，本研究以 Web of Science 核心合集（WOS）1986～2018 年文献为数据源，以 "urban competitiveness" 为关键词进行检索，共获得 930 篇文献以及 5772 条去除自引的施引文献。通过分析文献数据，可得初步的文献年度产出分布统计（见图 1-1）、年度引文数（见图 1-2）、文献被引频次年度分布（见图 1-3）、城市综合竞争力国外研究学科分类统计（见图 1-4），可得到城市综合竞争力研究基本认知。

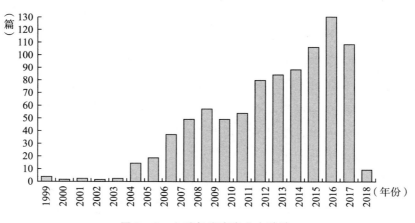

图 1-1　文献年度产出分布统计

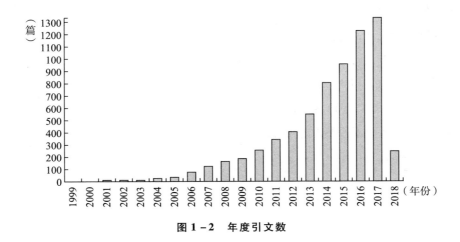

图 1-2 年度引文数

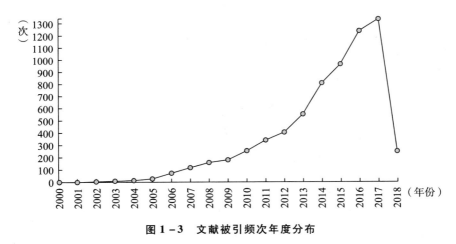

图 1-3 文献被引频次年度分布

统计分析表明，十多年来，一共有 930 篇相关文献被 WOS 核心合集收录，H 指数达到 39，说明持续收录较高水平文章。每项平均引用次数达到 7.26，被引频次总计 6748，说明相关研究较多人关注，并且较多地引用前人的理论研究。本研究时间跨度为 1999～2018 年。在观察期内（1999～2018 年），国外研究城市综合竞争力的相关文献和被引文献数量在 1999～2009 年稳步增长，表明该期间对于城市综合竞争力的研究热度不断上升，受重视程度也不断上升；而 2010～2011 年相关研究的文献出版有所下降，表明城市综合竞争力研究出现了短暂的停滞，进入瓶颈期；2012～2018 年文献数量以及引文数量又迅速增长，代表城市综合竞争力研究开始复苏，再次成为研究热点。

从研究方向分布来看，目前主要集中于商业经济学（23.12%）、环境科学生态学（21.08%）、城市研究（20.32%）、地理学（16.13%）、公共行政（14.73%）等研究方向（见图1-4），说明城市综合竞争力已经成为多学科共同关注和研究的问题。

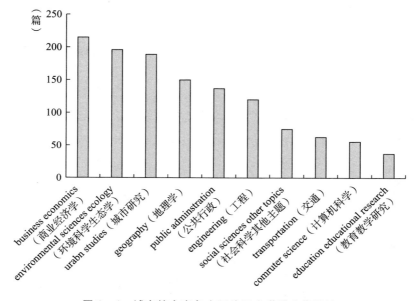

图1-4 城市综合竞争力国外研究学科分类统计

从国家/地区层面统计，关于城市综合竞争力的研究集中于中国（23.11%）、美国（10.54%）、英国（9.68%）、意大利（7.42%）等国家（见图1-5），说明中国学者更加关注城市综合竞争力这一研究热点，也由于中国经济的高速发展及城市化的快速推进，城市竞争加剧，新兴城市勃兴，吸引了众多学者的关注，而中国的城市化实践，也为城市竞争力研究提供了鲜活的观察样本，丰富了城市竞争力研究的内容。

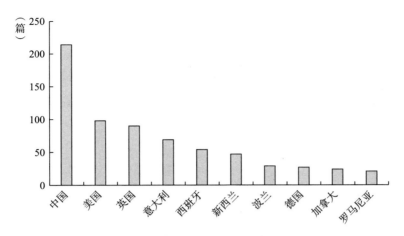

图 1 - 5　城市综合竞争力国外研究文献来源国家/地区分布统计

2.1.2　文献计量分析

（1）知识群组识别

在一定程度上，研究领域可以被概念化为从研究前沿到知识基础的时间映射。被引文献组成了该研究领域的知识基础，而相应的引文则形成了研究前沿。[①]　因此，知识基础的聚类和演变研究是辨析研究前沿的基础，可以较好地揭示研究的重要转折点，明确不同主导理论及研究范式之间的关系。本研究利用前文确定的数据样本，绘制基于文献共被引网络的"城市综合竞争力"研究领域的知识结构图谱，辨析该研究领域的理论结构脉络。具体操作方式如下：设置时间切片，样本时间为 1998～2018 年，默认一年为一切割，就有 21 个分段；主题词来源选择标题、摘要、作者关键词、WOS 增补关键词，节点类型选择"被引文献"。初步得到的可视化图谱过于庞大、杂乱，所以随后按照（3，2，16）、（3，3，20）、（3，3，20）设置的阈值选择节点数据。为保留数据的完备性，选择寻径法对网络进行修剪。运行 citespace 软件可得到文献共被引网络结构阈值设置（见表 1 - 1）和可

[①]　Chen C M. Searching for Intellectual Turning Points：Progressive Knowledge Domain Visualization. Proceedings of the National Academy of Sciences，the United States of America，2004，101（S1）：5303 - 5310.

视化网络相应的网络时区图（见图 1–6），最后得到了 125 个节点，307 个连线。

表 1–1 文献共被引网络结构阈值设置

分区	c ∣ cc ∣ ccv	文章数量（篇）	节点数量（个）	连线数量（条）
1998	3 ∣ 2 ∣ 0.16	127	0	0 / 0
1999	3 ∣ 2 ∣ 0.16	96	0	0 / 0
2000	3 ∣ 2 ∣ 0.17	115	0	0 / 0
2001	3 ∣ 2 ∣ 0.17	39	0	0 / 0
2002	3 ∣ 2 ∣ 0.17	405	0	0 / 0
2003	3 ∣ 2 ∣ 0.18	87	0	0 / 0
2004	3 ∣ 2 ∣ 0.18	64	0	0 / 0
2005	3 ∣ 2 ∣ 0.19	356	0	0 / 0
2006	3 ∣ 2 ∣ 0.19	729	0	0 / 0
2007	3 ∣ 2 ∣ 0.19	1688	17	80 / 80
2008	3 ∣ 2 ∣ 0.2	1334	3	1 / 1
2009	3 ∣ 3 ∣ 0.2	1834	13	41 / 42
2010	3 ∣ 3 ∣ 0.2	1622	13	37 / 37
2011	3 ∣ 3 ∣ 0.2	2013	17	75 / 76
2012	3 ∣ 3 ∣ 0.2	2873	20	53 / 54
2013	3 ∣ 3 ∣ 0.2	3102	27	145 / 155
2014	3 ∣ 3 ∣ 0.2	2830	11	17 / 22
2015	3 ∣ 3 ∣ 0.2	3857	36	226 / 242
2016	3 ∣ 3 ∣ 0.2	4442	22	55 / 56
2017	3 ∣ 3 ∣ 0.2	4893	29	142 / 146
2018	3 ∣ 3 ∣ 0.2	4170	16	25 / 25

通过图 1–6 左上方的数据可以看到，模块值（Q）= 0.5321，平均轮廓值（S）= 0.7397。聚类的效果越深，Q 值越大。陈悦、陈超美（2014）认为 Q 值一般在区间 [0，1) 内，$Q > 0.3$（经验值）划分出来的社团结构是显著的。平均轮廓值在 0.7 时，聚类是高效率且令人信服的，在 0.5 以上，聚类被认为是合理的。在此次的聚类分析结果中，表明划分出来的社

团结构是显著的，并且聚类较为高效率，有一定的信服力。

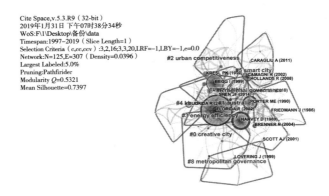

图 1-6 城市综合竞争力国外研究 citespace 文献共被引网络

注：#0 creative city（创意城市）#1 Australia（澳大利亚）#2 urban competitiveness（城市竞争力）#3 energy efficiency（能源效率）#4 knowledge – based urban development（基于知识的城市发展）#5 smart city（智慧城市）#6 regional governance（区域治理）#8 metropolitan governance（大都市治理）（可视化图谱中因聚类#7 与其他聚类相对独立，聚类中成员之间的相似性相对较弱，故聚类#7 不显示）。

Henry Small（1973）提出了共被引分析的概念。文献共被引是指两篇文献共同出现在第三篇施引文献的参考文献目录中，则两篇文献形成共被引关系。从文献共被引网络图谱来看（见图 1-6），"城市综合竞争力"研究呈现出典型的研究中期状态：研究网络较为集中，网络重叠性较高，分支较多，节点之间显示较强的关联度，在群组间起到承上启下的作用，这为后续研究提供了理论支持和方向指引。结合关键节点分析，1999～2017 年，国外文献被引频次较多的是 Florida R.（2002）、Harvey D.（1989）、Begg I.（1999）、Porter M. E.（1990）、Camagni R.（2002）。由图 1-6 也可以看出，这些学者发表的著作被引频次都有突现现象。通过 LLR 算法对文献共被引网络形成的聚类进行标签标识，可得表 1-2 文献共被引图谱中的主要聚类及其标签聚类信息。

表 1-2 列出了文献共被引图谱中的主要聚类，各聚类的规模、轮廓值和主要标签分别列在表中。从规模上看，聚类规模最大的是聚类#0"creative city"（创意城市）（LLR 算法），该聚类共有节点 18 个，轮廓值是 0.776，引文平均发表年份是 2003 年，社团结构较明显。从轮廓值上看，聚类#5"smart city"（智慧城市）（LLR 算法）最大，为 0.939，引文平均发表年份为 2007年，说明该社团结构显著，聚类效果高效且令人信服。

表 1-2　文献共被引图谱中的主要聚类及其标签聚类信息

聚类 ID	节点	轮廓值	引文平均发表年份	标签（LSI）	标签（LLR）	标签（MI）
0	18	0.776	2003	sustainable development	creative city (14.42, 0.001)	build - up of skills (0.75)
1	17	0.718	1995	urban competitiveness	Australia (12.73, 0.001)	Europeanization (0.51)
2	17	0.82	1999	urban competitiveness	urban competitiveness (22.69, 1.0E - 4)	city and technology (0.84)
3	14	0.77	2002	urban competitiveness	energy efficiency (15.95, 1.0E - 4)	urban project (0.6)
4	13	0.766	2005	knowledge - based urban development	knowledge - based urban development (13.75, 0.001)	Dea (0.41)
5	12	0.939	2007	competitiveness	smart city (45.95, 1.0E - 4)	destination marketing (0.67)
6	11	0.863	2005	urban competitiveness;	regional governance (32.06, 1.0E - 4)	wuhan urban agglomeration (0.42)
8	8	0.964	2003	agglomeration economies	metropolitan governance (19.77, 1.0E - 4)	polycentric governance (0.12)

表 1-3 分别列出了聚类#0 ~ #8 主要聚类中出现的文献（被引论文）中被引频次较高的前几篇论文。

聚类#0 "creative city"（创意城市）中，被引频次较高的是 72 次的"Florida R.（2002）"、42 次的"Harvey D.（1989）"、12 次的"Scott A. J.（2006）"。美国学者 Florida R.（2002）提出了由才能（talent）、技术（technology）和容忍度（tolerance）组成的 3T 创新指数（The Creative Index）。Harvey D.（1989）探讨了城市治理中从管理主义到企业家主义这种转变的背景，并试图说明城市间竞争机制如何塑造。Scott A. J.（2006）认为城市变化与文化经济发展之间的关系应该成为关注的焦点。

聚类#1 "Australia"（澳大利亚）被引频次较高的是 37 次的"Porter

M. E.（1990）"、13 次的"Friedmann J.（1986）"、10 次的"Storper M.（1997）"。Furman、Porter M. E. 和 Stern（2002）提出了由科学家及工程师比重、创新政策、产业集群创新环境和联系质量 4 个一级指标 9 个二级指标构成的国家创新能力指数（National Innovative Capacity Index）。Friedmann J.（1986）著名的"世界城市假说"对于世界城市的特征性指标有所提示，特别强调了以企业总部、国际组织及大银行的区位作为判定的主要考虑因素。Storper M.（1997）主张建立一个统一的能够解释城市起源、本质、多样性的城市理论，认为塑造城市土地网络的 5 个基本驱动力为经济发展的水平和模式（主要动力）、资源配置方式、社会分层形式、文化和传统规范。

聚类#2"urban competitiveness"（城市竞争力）被引频次较高的是 40 次的"Begg I.（1999）"、19 次的"Kresl P. K.（1999）"、11 次的"Rogerson R. J.（1999）"。Begg I.（1999）试图将影响城市经济行为的因素及其相互关系模型化，得出城市竞争力模型。Kresl P. K.（1999）探讨了城市与城市之间的关联性作用，讨论了城市如何成为国际经济中的重要角色。

聚类#3"energy efficiency"（能源效率）被引频次较高的是 24 次的"Camagni R.（2002）"、16 次的"Kitson M.（2004）"、16 次的"Turok I.（2004）"。Camagni R.（2002）最早提出"城市网络"范式，较好地解释了日益浮现的流动空间的城市体系。Turok I.（2004）对于城市竞争力的研究主要关注城市的硬件。

聚类#4"knowledge – based urban development"（基于知识的城市发展）被引频次最高的是 Florida R.（2002），被引 15 次。

聚类 #5"smart city"（智慧城市）被引频次最高的是 Hollands R.（2008），被引 10 次。描述智慧城市的建设目标集中在讨论智慧城市为市民带来的积极作用上。Hollands R.（2008）指出，智慧城市的界定是复杂且困难的，但智慧城市往往将技术性的信息化变革与经济、政治和社会文化的变化联系在一起。

聚类#6"regional governance"（区域治理）被引频次较高的分别是 19 次的"Jiang Y. H.（2010）"以及 12 次的"Brenner N.（2004）"。以前的研究主要从经济角度理解城市竞争力。Jiang Y. H.（2010）借鉴最近关于可持续发展的城市治理辩论的见解，采用更加平衡的观点，考虑到城市竞争力的经济、社会和环境方面。Brenner N.（2004）对当代全球化资本主义下的国家转型进行了新的解释，追溯了过去 40 年西欧城市治理的转型，并在此基础上认为，既成的国家权力地区正在从根本上重新调整。通过理论构建、历史分析和城市政策变化的跨国案例研究相结合，提供了对当前正在出现的新的国家权力形态的创新分析。

聚类#8 "metropolitan governance"（大都市治理）被引频次最高的是 "Scott A. J.（2001）"，为 8 次。现在全世界有 300 多个城市地区的人口超过一百万。这些城市地区正在蓬勃发展，它们为世界上较发达和欠发达地区的研究人员和政策制定者带来了许多新的深刻挑战。Scott A. J.（2001）认为城市规划更有效的方法仍然主要处于假设和实验的不同阶段，并且强调通过内部和外部动态提出全球城市区域的理论化。

表 1-3　聚类#0 ~ #8 共被引论文

聚类 ID	被引文献		聚类 ID	被引文献	
	共被引频次	信息		共被引频次	信息
#0	72	Florida R.（2002）RISE CREATIVE CLASS	#1	37	Porter M. E.（1990）COMPETITIVE ADVANTAGE
	42	Harvey D.（1989）GEOGR ANN B, v. 71, p. 3		13	Friedmann J.（1986）DEV CHANGE, v. 17, p. 69
	12	Scott A. J.（2006）J URBAN AFF, v. 28, p. 1		10	Storper M.（1997）REGIONAL WORLD TERRI
#2	40	Begg I.（1999）URBAN STUDY, v. 36, p. 795	#3	24	Camagni R.（2002）URBAN STUD, v. 39, p. 2395
	19	Kresl P. K.（1999）URBAN STUDY, v. 36, p. 1017		16	Kitson M.（2004）REG STUDY, v. 38, p. 991
	11	Rogerson R. J.（1999）URBAN STUDY, v. 36, p. 969		16	Turok I.（2004）REG STUDY, v. 38, p. 1069
#4	15	Florida R.（2002）RISE CREATIVE CLASS		12	Bathelt H.（2004）PROG HUM GEOG, v. 28, p. 31
#5	10	Hollands R.（2008）CITY, v. 12, p. 303		10	Boschma R. A.（2004）REG STUDY, v. 38, p. 1001

续表

聚类ID	被引文献		聚类ID	被引文献	
	共被引频次	信息		共被引频次	信息
#6	19	Jiang Y. H. (2010) CITIES, v. 27, p. 307	#7		—
	12	Brenner N. (2004) NEW STATE SPACES URB	#8	8	Scott A. J. (2001) GLOBAL CITY REGIONS

表 1 - 4 列出了 10 篇高被引论文。高被引论文一般被认为是具有奠基性作用的重要论文。在本案例中，排在首位的论文是聚类#0 中的文献 "Florida R.（2002）"，被引 72 次，值得注意的是 2007 ~ 2008 年的共被引次数达到 7 次（见图 1 - 7），属于突现性情况，意味着在这段时间 Florida R. 的著作《The Rise of the Creative Class》受到学者的广泛关注及引用。在前 10 篇高被引论文中，聚类#3 的有 3 篇，#0、#2 的分别有 2 篇，#1、#6 的分别有 1 篇。从时间上看，奠基性的论文大多是早期学者研究的成果。

表 1 - 4　10 篇高被引论文

频次	中介中心性	参考文献	半衰期	聚类
72	0.23	Florida R. (2002) RISE CREATIVE CLASS	11	0
42	0.51	Harvey D. (1989) GEOGR ANN B, v. 71, p. 3	25	0
40	0.17	Begg I. (1999) URBAN STUDY, v. 36, p. 795	15	2
37	0.31	Porter M. E. (1990) COMPETITIVE ADVANTAGE	24	1
24	0.12	Camagni R. (2002) URBAN STUDY, v. 39, p. 2395	8	3
19	0.05	Jiang Y. H. (2010) CITIES, v. 27, p. 307	5	6
19	0.01	Kresl P. K. (1999) URBAN STUDY, v. 36, p. 1017	16	2
16	0.04	Kitson M. (2004) REG STUDY, v. 38, p. 991	9	3
16	0.03	Turok I. (2004) REG STUDY, v. 38, p. 1069	9	3
15	0.12	Florida R. (2005) CITIES AND THE CREATIVE CLASS	10	4

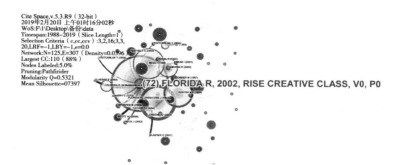

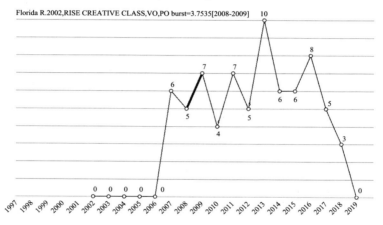

图 1 - 7　"Florida R．，2002，RISE CREATIVE CLASS"引文历史

表 1 - 5 列出了 7 篇高中心性的论文。高中心性论文意味着在结构上占据着重要位置的论文，在连接其他节点或者几个不同聚类上发挥着重要作用。表 1 - 5 中所列的文献在城市研究领域有里程碑式的参考意义。

表 1 - 5　高中心性论文

排序	中介中心性	参考文献	半衰期	聚类
1	0.51	Harvey D．（1989）GEOGR ANN B，v.71，p.3	25	0
2	0.31	Porter M. E．（1990）COMPETITIVE ADVANTAGE	24	1
3	0.23	Florida R．（2002）RISE CREATIVE CLASS	11	0
4	0.17	Begg I．（1999）URBAN STUDY，v.36，p.795	15	2
5	0.14	Lever W. F．（1999）URBAN STUDY，v.36，p.791	16	2
6	0.12	Camagni R．（2002）URBAN STUDY，v.39，p.2395	8	3
7	0.12	Florida R．（2005）CITIES AND THE CREATIVE CLASS	10	4

　　表 1-6 为部分高 Sigma 值论文。Sigma 值是基于中心性及突现性计算得到的。中心性和突现性越高的节点论文，其 Sigma 值也越高。Sigma 值最高的节点文献是"Florida R.（2002）"，其 Sigma 值大于其他节点文献，说明 Florida R. 的研究成果是目前研究领域前沿研究中的重要部分。

表 1-6　高 Sigma 值论文（部分）

突现性	中介中心性	Σ	作者	年份	来源	卷	页	半衰期	聚类 ID
3.75	0.23	2.19	Florida R.	2002	RISE CREATIVE CLASS	0	0	11	0
	0.51	1.00	Harvey D.	1989	GEOGR ANN B	71	3	25	0
	0.17	1.00	Begg I.	1999	URBAN STUDY	36	795	15	2
	0.31	1.00	Porter M. E.	1990	COMPETITIVE ADVANTAGE	0	0	24	1
4.47	0.12	1.67	Camagni R.	2002	URBAN STUDY	39	2395	8	3
3.42	0.05	1.19	Jiang Y. H.	2010	CITIES	27	307	5	6
	0.01	1.00	Kresl P. K.	1999	URBAN STUDY	36	1017	16	2
3.30	0.04	1.14	Kitson M.	2004	REG STUDY	38	991	9	3
	0.03	1.00	Turok I.	2004	REG STUDY	38	1069	9	3
	0.12	1.00	Florida R.	2005	CITIES AND THE CREATIVE CLASS	0	0	10	4
	0.07	1.00	Friedmann J.	1986	DEV CHANGE	17	69	31	1
5.12	0.04	1.24	Brenner N.	2004	NEW STATE SPACES URB	0	0	7	6
3.27	0.05	1.17	Scott A. J.	2006	J URBAN AFF	28	1	8	0
	0.00	1.00	Bathelt H.	2004	PROG HUM GEOG	28	31	9	3
	0.01	1.00	Rogerson R. J.	1999	URBAN STUDY	36	969	14	2
4.11	0.00	1.01	Feng W.	2013	TRANSPORT RES C-EMER	26	135	3	7
5.21	0.06	1.36	Storper M.	1997	REGIONAL WORLD TERRI	0	0	13	1
	0.04	1.00	Hollands R.	2008	CITY	12	303	8	5
5.57	0.01	1.07	Boschma R. A.	2004	REG STUDY	38	1001	4	3
	0.14	1.00	Lever W. F.	1999	URBAN STUDY	36	791	16	2
	0.06	1.00	Kresl P.	1995	N AM CITIES GLOBAL E	0	45	15	2
	0.04	1.00	Krugman P. R.	1996	OXFORD REV ECON POL	12	17	17	2

　　对城市竞争力的研究主要体现在"创意城市"中，城市创新能力被认

为是城市综合竞争力的重要构成。在样本文献中,关于城市综合竞争力的研究成果往往涉及"智慧城市""区域治理"等方面。同时,无论是从聚类规模上看还是从 WOS 数据库中的高被引论文(见表1-7)上看,进行"智慧城市"方面研究的学者越来越多,说明"智慧城市"是城市综合竞争力的一个热点方向。

表1-7 高频次被引论文

论文题目	作者信息	期刊/会议	出版年份	被引频次
Smart Cities in Europe	Caragliu, Andrea; Del Bo, Chiara; Nijkamp, Peter	JOURNAL OF URBAN TECHNOLOGY 卷:18 期:2 特刊:SI 页:65~82	2011	562
Hard and soft networks for urban competitiveness	Malecki, E. J.	会议:Workshop on ESRC Programme on Cities: Competitiveness and Cohesion 会议地点:WORCESTER COLL, OXFORD, ENGLAND 会议日期:2001 年 5 月 28~30 日 URBAN STUDIES 卷:39 期:5~6 页:929~945	2002	104
Cities and regions competing in the global economy: knowledge and local development policies	Malecki, Edward J.	ENVIRONMENT AND PLANNING C – GOVERNMENT AND POLICY 卷:25 期:5 页:638~654	2007	80
Measuring the urban competitiveness of Chinese cities in 2000	Jiang, Yihong; Shen, Jianfa	CITIES 卷:27 期:5 页:307~314	2010	53
Perspectives on cultural capital and the neighbourhood	Bridge, G.	URBAN STUDIES 卷:43 期:4 页:719~730	2006	37
Urban Competitiveness and Public Procurement for Innovation	Lember, Veiko; Kalvet, Tarmo; Kattel, Rainer	URBAN STUDIES 卷:48 期:7 页:1373~1395	2011	35
Urban competitiveness in the knowledge economy: Universities as new planning animateurs	Benneworth, Paul; Hospers, Gert – Jan	PROGRESS IN PLANNING 卷:67 页:105~197 子辑:2	2007	30

续表

论文题目	作者信息	期刊/会议	出版年份	被引频次
City of Rents: The limits to the Barcelona model of urban competitiveness	Charnock, Greig; Purcell, Thomas F.; Ribera – Fumaz, Ramon	INTERNATIONAL JOURNAL OF URBAN AND REGIONAL RESEARCH 卷: 38 期: 1 页: 198 ~ 217	2014	23
Urban Competitiveness and US Metropolitan Centres	Kresl, Peter; Singh, Balwant	URBAN STUDIES 卷: 49 期: 2 页: 239 ~ 254	2012	20

（2）研究主题演化路径识别

为了进一步梳理出各大聚类出现的顺序，每一个类别受到的关注度在何时开始增加，按照三年的时间间隔绘制了文献共被引的时间线图的鱼眼视图（见图 1 - 8）。聚类#0 "creative city"（创意城市）在 1989 年开始出现，其标志性文献是 Harvey D. (1989) 的著作《The urban experience》，说明竞争力是如何缔造的。随后在 1990 年，聚类#1 出现有突现性的文献是美国哈佛大学教授 Porter M. E. 在 1990 年出版的《国家的竞争优势》，阐述了竞争力的概念。书中指出："竞争力在国家水平上仅仅有意义的概念是国家的生产率。"推及城市，一个城市的竞争力是指城市的生产率。城市竞争力是指城市创造财富、提高收入的能力。随后聚类#2 中 Begg I. 在 1999 年提出竞争力模型，具有突现性。紧接着 Florida R. (2002) 出版的《The Rise of the Creative Class》对城市进行了创新能力方面的测度，提出了 3T 创新指

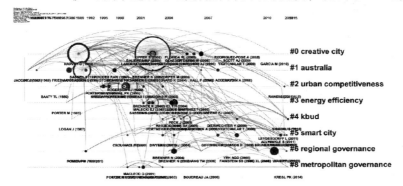

图 1 - 8　城市综合竞争力国外研究时间线图的鱼眼视图

数，该研究在整个网络中占据着很重要的地位，是奠基性的成果。值得注意的是，从 2001 年开始 Brenner N. 的几篇学术成果在引文网络中有明显的突现性情况，主要贡献在都市治理领域。

研究主题的分布以及演化，能够体现不同时期内的热点领域与分析视角。而关键词作为学术研究中对于成果内容的一种精炼表达，其关联性在一定程度上可以揭示学科领域中知识的内在联系。所以通过对样本数据进行关键词共现分析，以鉴别关于城市综合竞争力的主要研究方向和热点。具体操作如下：设置时间切片，样本时间为 1998～2018 年，默认一年为一切割，就有 21 个分段；主题词来源选择标题、摘要、作者关键词、WOS 增补关键词；同时对共词分析类型进行选择，选择提取到的名词性术语。节点类型选择"关键词"，节点阈值选择（3，2，16）、（3，3，20）、（3，3，20）。运行 citespace 软件得到关键词共现网络图谱，具体如图 1-9 所示。

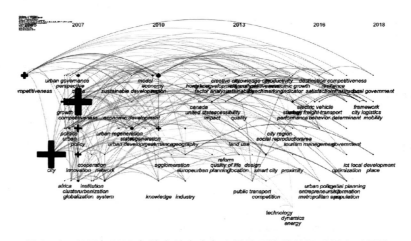

图 1-9 1998～2018 年城市综合竞争力国外研究关键词时间序列图谱

首先，图 1-10 呈现出几个具有高中心性的节点，对后期研究具有较大影响力。其中，"城市竞争力"（urban competitiveness）、"竞争力"（competitiveness）、"城市"（city）、"城市重建"（urban regeneration）呈现出较强的中心度，是整个研究领域的核心节点，后期研究大多围绕该核心展开。而进一步的分析表明，城市经济总量、产业结构、基础设施、营商环境以及科技创新等可持续发展能力，是相关研究的关注焦点及重要指标。这意味着，评价一个城市的发展水平与潜力，必须从相关领域展开，并设置相应的指标体系。

其次，从时间序列上来看，从 2005 年开始，关于城市综合竞争力研究就开始集中在"城镇化政策""全球化""知识创新""城市竞争力""可持续发展""治理""策略""旅游业"等方面，这也是 20 年来具有突现性的关键词（见图 1－10）。也正是从这一时期开始，"城市综合竞争力"研究得到快速发展，产生了多样化的研究主题以及复杂的研究网络。共现词网络分析结果表明，该时期出现了较多的关键词数目，并且具有相对均衡的中心度，说明城市综合竞争力研究已形成相对稳定的研究领域与研究范式。

关键词		年份	强度	开始	结束	1997-2017
城市	urban	1997	4.3898	2007	2009	
全球化	globalization	1997	3.7138	2007	2008	
观点	perspective	1997	3.5934	2007	2009	
政策	policy	1997	3.4476	2007	2010	
政治	politics	1997	3.4069	2007	2011	
城市竞争力	urban competitiveness	1997	3.8382	2008	2012	
可持续发展	sustainable development	1997	5.906	2009	2014	
治理	governance	1997	3.5783	2010	2014	
策略	strategy	1997	3.6808	2015	2017	
旅游业	tourism	1997	3.3907	2015	2016	

图 1－10 1997～2017 年 10 种突发关键词排序

（3）研究前沿辨析

通过梳理城市综合竞争力国外研究热点关键词分布发现，"经济规模""公共政策""产业结构""创新能力""居民生活质量"等概念构成了城市综合竞争力研究关注的重点。进一步通过中心性的大小进行筛选，选择中心性大于 0.1 的关键词，按照年份进行排序（见表 1－8），发现 2007 年的关键词占比较大，"政策"（66 次）、"创新"（55 次）、"全球化"（36 次）是重点。从关键词的分布表中也能看出，文献的研究方向从竞争力的概念理论到城市的治理、可持续发展以及智慧城市的研究。

表 1-8 2005~2014 年城市综合竞争力国外研究热点关键词分布

年份	次数	中介中心性	关键词
2005	62	0.2	urban competitiveness
2006	175	0.15	city
2007	162	0.2	competitiveness
	66	0.14	policy
	55	0.2	growth
	55	0.08	innovation
	36	0.19	globalization
	32	0.07	china
	25	0.06	urban
	24	0.04	politics
	18	0.05	cluster
	15	0.04	perspective
2008	23	0.21	system
	17	0.06	network
2009	31	0.03	urban development
	19	0.09	state
	19	0.01	sustainable development
2010	50	0.12	governance
	32	0.21	region
	26	0.07	economy
	18	0.06	model
2012	18	0.11	impact
2013	25	0.1	sustainability
2014	17	0.04	smart city

进一步分析 2012~2017 年的关键词可以发现，"城市规划""设计""电动汽车""质量"等是这一时期国外城市综合竞争力相关研究的热点。具体条目见表 1-9。

表1-9 2012~2017年城市综合竞争力国外研究前沿及研究热点分布

	2012年	2013年	2014年	2015年	2016年	2017年
urban planning (城市规划)	Sustainable development (可持续发展) economic governance (经济管理) integration (整合)		methods of teaching education (教育方法) geodesy and cartography (测绘学)	social reproduction (社会再生产) immigration (外来移民) urban expansion (城区扩展)	return (回报) inclusion (包容度) metropolitan city (大都市)	social housing (公益住房) tool (手段) methodology (方法)
design (设计)	development policy (发展政策) agglomeration (积聚) tourism (旅游)	business (商业) creative city (创意城市) accessibility (资源利用率)	Place (住所) experience (经验) design (设计)	optimization (最优化) enterprise (企业) framework (框架)	Romania (罗马尼亚)	competitive advantage (竞争优势)
politics (政治)	mega project (大项目) India (印度) democracy (民主)	Canada (加拿大) capitalism (资本主义)	migration (移民) neoliberal urbanism (新自由都市主义)	service (服务)		sustainable mobility (可持续发展) new Zealand (新西兰) population (人口)
electric vehicle (电动汽车)	Germany (德国)	Sustainability (可持续性) knowledge space (知识空间) innovation cluster (创新集群) indicator (指标)	emergence (导入期) urban form (城市形态) organization (体制)	emission (发行) city logistics (城市物流) European city (欧洲城市)	area (区域) urban freight transport (城市货运交通运输) electric vehicle (电动汽车)	Time (时间) generation (生育) rural tourism (农村旅游业)
urban competitiveness (城市竞争力)	buzz (愉快) quality of life (生活质量)	data envelopment analysis (数据覆盖分析) advantage (优势) bench marking (标杆管理)		urban management (城市管理) station (配置) urban competitiveness (城市综合竞争力) infrastructure (基础设施)		efficiency (效率)
quality (质量)		quality (质量)	housing policy (房屋政策)	inner city (市中心)	employment (就业)	

运用相同方法,可得图 1 – 11、图 1 – 12 所示 2012 ~ 2018 年国内城市综合竞争力研究的基本状况。概括来说,国内城市综合竞争力相关研究成果总体呈下降趋势,研究领域主要集中在数据处理及具体领域的实证研究方面。研究方法主要有因子分析、主成分分析、聚类分析、综合评价等。值得注意的是,近年来国内这一领域出现了一些新的研究视角与研究方法,出现了"时空演变""提升策略""资源型城市"等概念,这表明学科交叉正日益成为这一研究领域的新趋势。

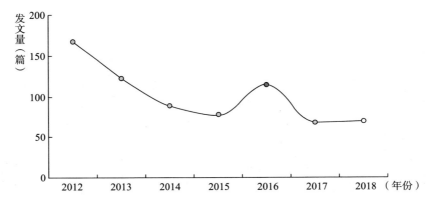

图 1 – 11 2012 ~ 2018 年城市综合竞争力研究中文期刊文献趋势

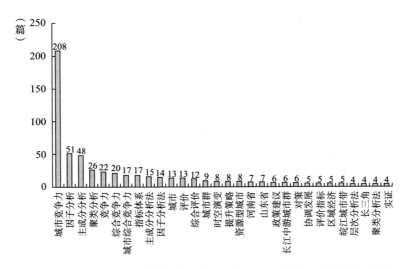

图 1 – 12 2012 ~ 2018 年城市综合竞争力研究中文期刊文献关键词分布

2.2　国外城市综合竞争力评价模型

2.2.1　Iain Begg 的城市竞争力模型

Iain Begg 的城市竞争力模型（1999），试图将影响城市经济行为的因素及其相互关系模型化。在 Iain Begg 的模型中，生活标准是最终的结果，也是城市竞争力最终的评价标准。就业率和生产相结合形成了产出和收入，各类城市行为通过各种方式与生活标准、就业率和生产形成关联。Iain Begg 的城市竞争力模型如图 1 – 13 所示。

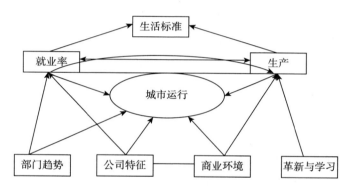

图 1 – 13　Iain Begg 的城市竞争力模型

2.2.2　Douglas Webster 的城市竞争力模型

Douglas Webster（2000）认为，在评价城市竞争力时，区分两类不同的要素是非常必要的。一类是"活动"要素，包括金融、旅游、电脑制造等；另一类是"地点"要素，泛指一切不可转移的因素，诸如人力资源、区域禀赋和制度环境等。"地点"要素决定"活动"要素发挥作用的空间和方式。他还将决定城市竞争力的要素划分为经济结构、区域禀赋、人力资源和制度环境四个方面（见图 1 – 14）。经济结构包括的关键性要素有经济成分、生产率、产出和附加值以及国内和国外的投资，它一直是竞争力评价体系的焦点。区域禀赋是专属于一个特定区域、基本上不可转移的地区性特征，例如地理位置、基础设施和自然资源等。人力资源是指技能水平、适用性和劳动力成本。人力资源的价值对其所在环境的依赖性越来越大，在不同的制度环境和工作场所，同样的人力资源会导致巨大的差异。而且，人力资源决定了一个城市的价值所能提升到的程度，所以城市中的新生经济部门必须要有适宜的人力资本相匹配。制度环境是指企业文化、管理框架（包括激励机制）、政策导向和网络行为倾向。

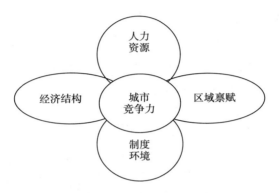

图 1 – 14 Douglas Webster 的城市竞争力模型

2.2.3 Linnamaa 的城市竞争力模型

Linnamaa（1998）认为，一个城市的竞争力主要由基础设施、企业、人力资源、生活环境质量、制度和政策网络、网络中的成员六个因素决定（见图 1 – 15）。Linnamaa 的城市竞争力模型没有把政策的目标直接定在企业和就业等单个方面，而是把城市看作一个整体来经营，有意识地发展城市

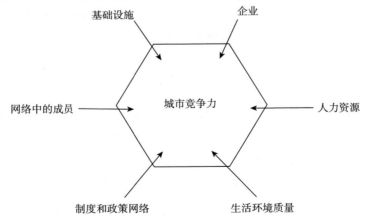

图 1 – 15 Linnamaa 的城市竞争力模型

的核心竞争优势。Linnamaa 的城市竞争力模型特别强调城市网络的重要性，认为在经济全球化和国内经济政治管理变化的推动下，网络管理已经对城市竞争力的影响越来越大，成为城市竞争力的一个要素。世界各城市在注意提升自己城市竞争力的同时，越来越多地把城市的发展模式建立在合作和网络的基础之上。

2.3　国内城市综合竞争力评价模型

国内也有不少学者或机构提出了自己的城市综合竞争力评价模型。其中具有一定影响的有城市综合竞争力评价弓箭模型（见图 1 - 16）等。倪鹏飞博士（2001）认为，城市竞争力与城市价值收益正相关，而城市的竞争力根本上取决于城市的产业竞争力，具体表现为创造有价值产品的产业增加值。制约产业增加值的约束条件分为两类：硬竞争力和软竞争力。由此，提出了所谓的城市综合竞争力评价弓箭模型：

城市竞争力（UC）= 硬竞争力（HC）+ 软竞争力（SC）

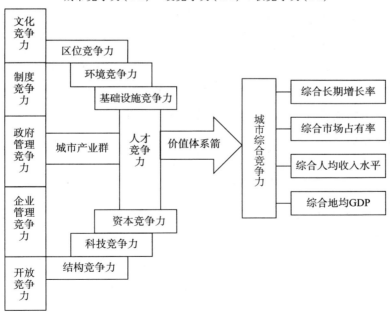

图 1 - 16　城市综合竞争力评价弓箭模型

其中，硬竞争力（HC）＝人才竞争力＋资本竞争力＋科技竞争力＋环境竞争力＋区位竞争力＋基础设施竞争力＋结构竞争力；软竞争力（SC）＝文化竞争力＋制度竞争力＋政府管理竞争力＋企业管理竞争力＋开放竞争力。

目前国内外已有的城市综合竞争力评价模型各有特色，但都在重视经济总量、基础设施等城市发展历史与已有建设成果的同时，强调城市创新能力、治理能力等城市发展潜力，这应该成为我们开展城市综合竞争力评价的基本理念。

2.4 城市综合竞争力评价指标体系构建

2.4.1 指导思想

城市综合竞争力是一个综合性、系统性的概念，单纯选用个别指标，不足以反映综合竞争力的内涵。首先，必须根据城市综合竞争力的本质含义、基本特征、主要内容，构建一个层次分明、结构完整、指标可比的综合评价指标体系。这意味着，城市综合竞争力评价指标体系，既要与国际统计通用指标接轨，又要考虑中国快速城市化的现实。我国对于城市综合竞争力的研究起步较晚，故在评价指标体系的构建上，要充分借鉴国际经验，选取国际通行的统计指标，尽可能实现与国际接轨，提高评价标准的国际一致性。其次，必须立足我国正处于一个快速城市化进程的现实。我国现阶段城市间竞争激烈，城市面貌日新月异，城市综合竞争力评价指标设计，必须在重视已有城市建设成果的同时，更多地关注城市发展潜力。唯有如此，评价结果才具有客观性及一定的预见性，从而为城市管理部门提供决策参考。

2.4.2 体系内涵

为了避免评价指标体系设定过于宽泛、主观指标过多、数据难以获得、评价结果误差大等弊端，同时考虑我国正处于快速城市化进程的现实，本文在借鉴上述国内和国外有关研究成果的基础上，构建了包含经济总量、产业结构、营商环境、创新能力 4 个维度（一级指标）的评价指标体系，并在 4 个一级指标之下设计二级指标和三级指标，具体指标构成如图 1 - 17 所示。

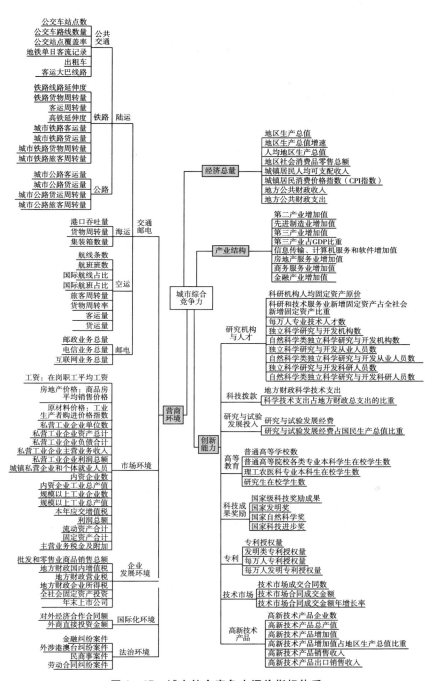

图 1-17 城市综合竞争力评价指标体系

3 评估方法

　　所谓的"一线城市"，并不是一个严谨的学术概念，更多的是一个排名概念，是社会媒体主要基于国内相关城市房价所给出的一个"榜单"。前文研究表明，学术界对于城市竞争力的评价，更多的是对一个城市在特定的发展和竞争环境中所具有的经济实力、辐射带动能力、对人才吸引力、信息交流能力、科技创新能力、交通通达能力等各层面能力的综合评价。为此，本研究确定从经济总量、产业结构、营商环境和创新能力四个维度分析现阶段广州的城市综合竞争力。同时，根据这一城市综合竞争力评价指标体系，选取北京、上海、深圳及天津、杭州、成都作为与广州的对比分析对象，在通过无量纲标准化和指数合成，获得各评估指标权重，在提出评估计量模型基础上，根据样本城市相关数据的对比分析，最终给出各城市综合竞争力评价结果，回应社会疑虑。

第二章　经济总量

经济总量对于城市定位有着重要意义，庞大的经济总量和稳步的经济增速能够吸引更多的企业、人才落户，推动城市持续发展。广州，这座中国的第三城，正是凭借全国排名第三的经济总量而长期稳居全国"第三城"的位置。然而，随着近年来其他城市经济发展的突飞猛进，尤其是深圳和天津对广州的步步紧逼，广州的全国"第三城"地位面临威胁。本章将通过广州与其他城市的地区经济总量、经济增速、地方财政、居民收入等指标的对比分析，客观描述样本城市，特别是广州的经济发展态势。具体对比分析指标如表 2-1 所示。

表 2-1　经济总量指标

要素层	指标层
经济总量 （9 个指标）	地区生产总值（亿元）
	地区生产总值增速（%）
	人均地区生产总值（元）
	地区社会消费品零售总额（亿元）
	城镇居民人均可支配收入（元）
	城市居民人均储蓄存款年末余额（元）
	城镇居民消费价格指数（CPI 指数）
	地方公共财政收入（亿元）
	地方公共财政支出（亿元）

1 地区生产与消费

1.1 地区生产总值与增速

2016 年，广州市实现地区生产总值（GDP）19610.94 亿元，按可比价格计算，比上年增长 8.2%。其中，第一产业增加值 240.04 亿元，下降 0.2%；第二产业增加值 5925.87 亿元，增长 6.0%；第三产业增加值 13445.03 亿元，增长 9.4%。第二、第三产业对经济增长的贡献率分别为 23% 和 77%（见图 2-1）。

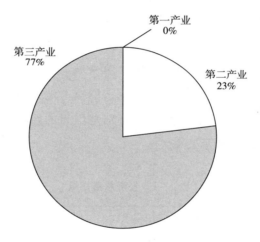

图 2-1　2016 年广州三大产业对经济增长的贡献率

相比于过去，广州的地区生产总值虽然在持续增加，但是增速明显低于 2013 年之前的增速（见图 2-2）。特别是相对于其他样本城市，增速下降幅度更为明显。2016 年，广州在生产总值方面与北京、上海相差较大，并且有被深圳、天津赶超的趋势，但还是以 19547.44 亿元稳居第三的位置（见图 2-3）。

2012~2016 年，广州的地区生产总值虽然与领先的北京、上海有一定的差距，但是也保持在历年第三的位置上；同时从历年的数据上来看，深圳紧跟广州，呈现出赶超广州的趋势（见图 2-4）。2017 年，在计入研发投入之后，深圳 GDP 已超过广州，位居全国第三。

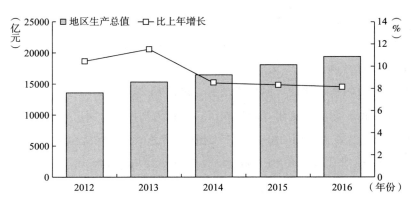

图 2 - 2　2012～2016 年广州地区生产总值以及增长速度

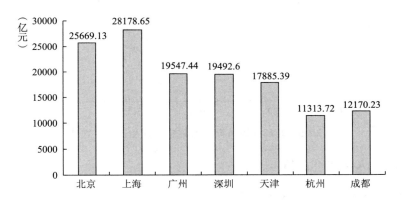

图 2 - 3　2016 年七大城市地区生产总值

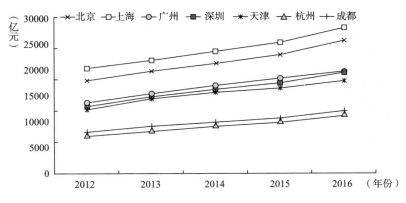

图 2 - 4　2012～2016 年七大城市生产总值

从 2012～2016 年的生产总值增速折线图可以看出，在金融危机等外部因素影响下，2012～2016 年各城市经济发展波动幅度较大，增长不稳定；从图 2-5 可以看出，广州与深圳的差距逐渐增大，增速上有一定的距离，但从生产总值上看（图 2-4）变动幅度、形态与体量上，两市较一致，说明两市经济发展具有内在一致性。但总体来看，虽然从 2014 年以来，广州的地区生产总值增速低于深圳、杭州等新兴城市，但较为平稳，说明广州市经济进入了发展的新常态，在可预期的将来，广州地区生产总值仍将保持在全国前列。

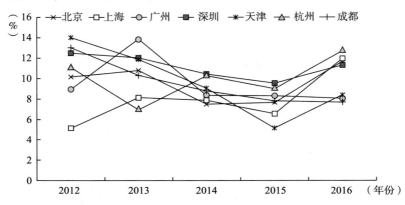

图 2-5　2012～2016 年七大城市地区生产总值增速

1.2　人均生产总值

2016 年深圳以 167411 元的人均 GDP 位居第一，广州略逊一筹，以 141933 元的人均生产总值位列第二（见图 2-6），同时值得注意的是，北

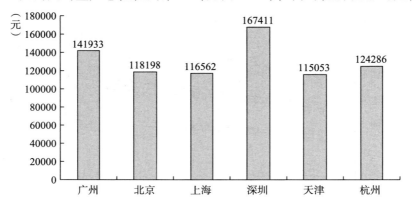

图 2-6　2016 年七大城市人均地区生产总值对比

京、上海这两个老牌一线城市人均生产总值低于广州。从 2012～2016 年的情况来看，整体的增长还是比较同步的，如图 2-7。我们注意到，只有深圳在 2015～2016 年突破了 150000 元大关，广州紧跟其后，深圳增长速度最高，而广州稍逊一筹，整体来看，2012～2016 年广州位列第二。

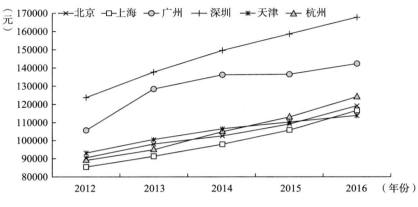

图 2-7　2012～2016 年七大城市人均生产总值

1.3　地区社会消费品零售总额

在地区社会消费品零售总额方面，2016 年广州虽然与北京、上海的消费总额有较大的差距，但是还是以 8706.5 亿元稳居第三（见图 2-8）。从增速上来看，北京较上年增长 7.3%，上海增长 8.1%，而广州较上年

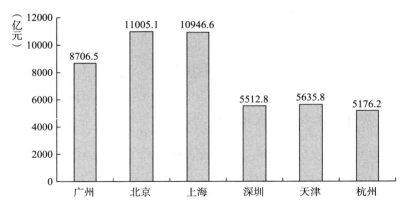

图 2-8　2016 年七大城市地区社会消费品零售总额对比

增长 11%。三地社会消费品零售额较上年增速均有所下降,但广州还是保持了 11%的较快增长速度。深圳、天津、杭州等新兴城市,社会消费品零售总额与北上广还是有较大差距,但杭州、深圳、天津都保持着10%左右的增长率,预计未来这三个城市社会消费品零售总额会有较大的增长。

总体来看,2012~2016 年,广州除了 2014 年在社会消费品零售总额有小幅波动外,整体呈现出一种稳步增长的趋势。相较而言,深圳在这一方面的表现不是很出彩,与广州还有较大的差距。从斜率上看,广州、北京、上海整体呈现出一种斜率变小的情况,这说明三地内需动力逐渐减弱(见图 2-9)。

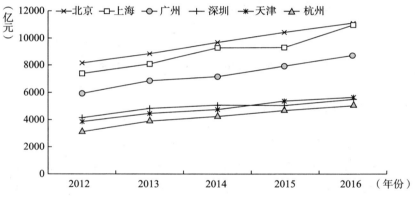

图 2-9   2012~2016 年七大城市社会消费品零售总额

2　居民收入

2.1　城镇居民人均可支配收入

数据显示,广州居民人均可支配收入从 2012 年的 38053.52 元,增长到 2016 年的 50940.70 元(见图 2-10),呈现出逐年稳定增长的趋势。城镇常住居民人均工资性收入是增长的主要来源。2012~2016 年,广东城镇从业人员就业状况总体稳定,最低工资标准继续提高,各级行政事业单位按规定调整、补发工资及部分改革性项目补助等。多因素叠加推动了城镇居民人均可支配收入快速增长。

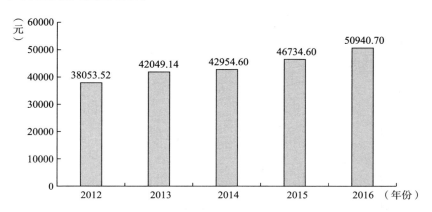

图 2 – 10 2012～2016 年广州市居民人均可支配收入

从全国范围来看，上海领跑第一，北京城市居民以 52530.38 元的人均可支配收入位居第二；杭州发展迅速，以 46116 元挤进了前五；广州以 50940.7 元排在第三位；而深圳城市居民人均可支配收入 48695 元排第四，逐渐缩小与北上广老牌一线城市的差距（见图 2–11）。

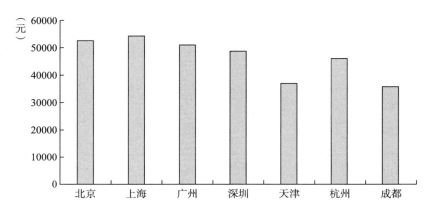

图 2 – 11 2016 年七大城市居民人均可支配收入

2.2 城市居民消费价格指数

数据显示，近年来，广州市消费物价指数日益趋向于 100（见图 2–

12），总体走势与中国消费物价指数相符。通过对比 2016 年七大城市的数据，发现上海、成都的物价指数是最高的，杭州、天津紧随其后，广州、深圳 2016 全年的消费物价指数为 100.3（见图 2 - 13）。

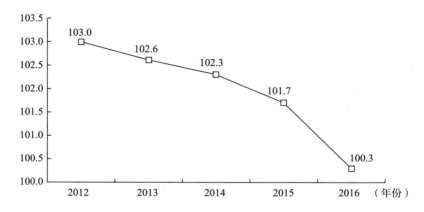

图 2 - 12　2012 ~ 2016 年广州居民消费价格指数趋势

注：上年价格 = 100。

资料来源：《广州统计年鉴》。

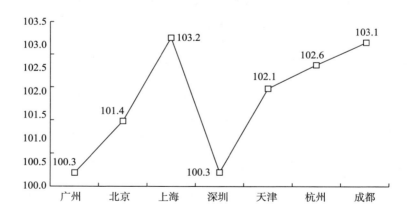

图 2 - 13　2016 年七大城市居民消费价格指数趋势

注：上年价格 = 100。

资料来源：《中国统计年鉴》。

3 地方财政

地方财政是城市政府提供基础设施等公共产品的基本资金来源。财政收入状况对于城市政府改善基础设施、美化环境、提供教育与医疗服务等公共产品以优化营商环境，提升城市综合竞争力，具有重要意义。

3.1 一般地方公共财政收入

从财政收入总量来看，随着经济总量的增加，财政收入总体呈上升态势，为广州的城市建设、营商环境改善提供了良好的资金支持。但从 2012 ～ 2016 年增速来看（见图 2 – 14），波动幅度较大，这给财政预算带来一定困难。

图 2 – 14　2012 ～ 2016 年广州市地方公共财政收入与增长率

图 2 – 15 为 2016 年样本城市间的比较。可以发现，位列前两名的依然是上海和北京两大"强一线城市"。经济总量第一的上海以 6406. 13 亿元的公共财政收入位列全国各城市之首。GDP 第二的北京以 5081. 26 亿元紧随其后。这两个城市高度发达的第三产业和总部经济，为其财政收入提供了良好的保证。深圳则以 3136. 49 亿元位列第三。广州以 2218. 48 亿元仅位列第五。广州地方公共财政收入远低于上海、北京、深圳、天津这一类城市，甚至有被杭州、成都这些新兴城市赶超的趋势。

广州 2016 年公共财政收入为 2218. 48 亿元，低于深圳。这一状况与我

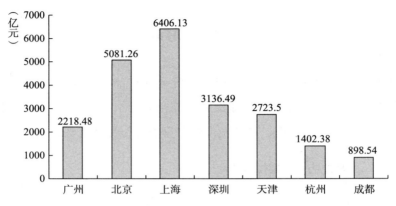

图 2-15　2016 年七大城市地方公共财政收入

国的财税管理制度设计有关。在我国，省、直辖市作为最高一级地方政府，其财政收入除了上缴中央财政外，其余部分都用于自身建设。但其他城市，包括计划单列市以外的副省级城市，除了上缴中央财政外，还需要上缴省级财政。因此，虽然广州经济总量多年高居全国第三，但地方可支配财政收入却低于作为直辖市的天津，以及参照直辖市管理的深圳，这在一定程度上削弱了广州对于城市建设的投入能力。

　　另外，广东区域经济发展严重失衡，加大财政转移支付，支持粤西、粤北等欠发展地区建设，是广东省政府面临的重大课题，广州作为经济发达地区，帮扶任务义不容辞。

3.2　一般地方公共财政支出

　　2012~2016 年，在地区生产总值稳步增长的同时，广州地方公共财政支出也逐年提升（见图 2-16）。2016 年，财政收入的快速增长，推动了财政支出的大幅度增加。而随着公共财政投入的增加，基础设施、医疗教育等公共服务逐年改善，财政扶持创新的力度也得到极大提升，广州城市综合竞争力明显加强。以空气质量为例，广州空气质量近年来持续好转。根据环保部公布的数据，珠三角区域 9 个城市空气质量达标天数比例在 72.2%~95.6% 区间内，继续在三大城市群中领先。从近十年的各项指标数据看，广州的空气质量一直在持续改善，在样本城市中，位居前列，在各类国内外"宜居城市"榜单中多次上榜。

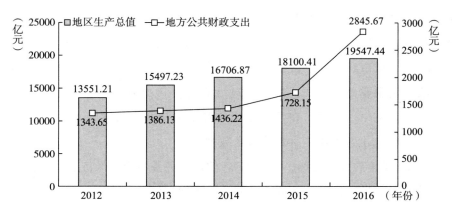

图 2-16 2012~2016 年广州市地方公共财政支出与地区生产总值对比

样本城市间的横向对比，2016 年上海公共财政支出以 6918.94 亿元稳占榜首，北京以 6406.77 亿元紧随其后，深圳、天津分别排第三、第四。广州公共财政支出仅有 1943.75 亿元，略高于与其比较的成都和杭州（见图 2-17）。

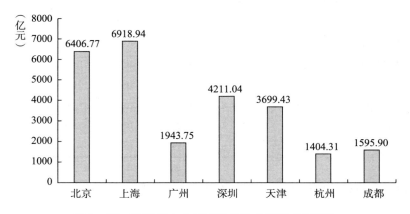

图 2-17 2016 年七大城市地方公共财政支出对比

4 经济综合实力对比分析

本章前三部分通过横向、纵向对比，对广州的经济发展状况进行了各方面的分析，为了更科学、更直观地测度和比较广州与其他一线城市的经济竞争力,本部分将建立主成分分析法统计模型,汲取前人研究的有益成分并结合我们实际采集得到的数据,遵循综合性、主体性、可操作性和可比性原则,从反映广州与其他一线城市在经济总量方面的综合实力考虑,构建了一个城市经济总量竞争力评价指标数据表(见表2-2),并对该指标数据表运用主成分分析法,最终经过计算对比得出北京、上海、广州、深圳、天津和杭州六个城市在经济方面的竞争力排名,为"广州是否退出一线城市"研究主题提供更直观的参考数据。

以2012年的数据为例,通过 SPSS 软件对各城市当年经济总量指标运用主成分分析法进行计算,其他年份的计算步骤相似,在此不再赘述。

第一,我们录入原始数据(见表2-2)。

表 2 – 2 2012 年六大城市经济总量竞争力评价指标数据

城市	GDP (亿元)	GDP 增速 (%)	人均 GDP (元)	社会商品 零售总额 (亿元)	城镇居民 人均可支 配收入 (元)	居民消费价格 指数(以上一 年价格为 100)	地方一般 公共预算 收入 (亿元)	地方一般 公共预算 支出 (亿元)
北京	17879.40	10.01	89778	8123.5	36469	103.3	3314.93	3685.31
上海	20181.72	5.14	85373	7840.4	40188	102.8	3743.71	4184.02
广州	13551.20	9.08	105909	5977.3	38054	103.0	1102.40	1343.65
深圳	12950.10	12.56	123451	4008.8	40742	102.8	1482.08	1565.71
天津	12893.88	14.03	12894	3921.4	29626	102.7	1760.02	2143.21
杭州	7802.00	11.15	89323	2944.6	37511	102.5	859.99	786.28

第二,将原始数据进行标准化处理,得到标准化后的数据(见表2-3)。

表 2 – 3 2012 年六大城市经济总量指标标准化数据

城市	GDP	GDP 增速	人均 GDP	社会商品 零售总额	城镇居民 人均可支 配收入	居民消费 价格指数	地方一般 公共预算 收入	地方一般 公共预算 支出
北京	0.84661	– 0.10281	0.14072	1.21582	– 1.17193	1.64317	1.06003	1.03048
上海	1.37777	– 1.67564	0.02428	1.08614	0.88034	– 0.18257	1.41761	1.3974
广州	– 0.15192	– 0.40317	0.56715	0.23269	– 0.29754	0.54772	– 0.78514	– 0.69236

续表

城市	GDP	GDP 增速	人均 GDP	社会商品零售总额	城镇居民人均可支配收入	居民消费价格指数	地方一般公共预算收入	地方一般公共预算支出
深圳	− 0.2906	0.72075	1.03088	− 0.66904	1.18606	− 0.18257	− 0.4685	− 0.52898
天津	− 0.30357	1.1955	− 1.89174	− 0.70908	0	− 0.54772	− 0.23671	− 0.1041
杭州	− 1.47829	0.26537	0.1287	− 1.15653	− 0.59692	− 1.27802	− 0.9873	− 1.10244

第三，对标准化后的数据进行主成分分析（见表 2 - 4）。

表 2 - 4　解释总方差

主成分	初始特征值			摄取平方和载入		
	合计	方差的%	累计%	合计	方差的%	累计%
1	4.984311811	62.30389763	62.30389763	4.984311811	62.30389763	62.30389763
2	1.473392992	18.4174124	80.72131003	1.473392992	18.4174124	80.72131003
3	1.246541472	15.5817684	96.30307843	1.246541472	15.5817684	96.30307843
4	0.295753726	3.696921571	100			
5	8.63173E − 18	1.07897E − 16	100			
6	− 3.065E − 16	− 3.8313E − 15	100			
7	− 4.5603E − 16	− 5.7003E − 15	100			
8	− 1.1821E − 15	− 1.4776E − 14	100			

由表 2 - 4 可见，前三个主成分的累计贡献率已经达到 96.303%，这表明前三个主成分承载了最初 8 个指标 96.303% 的有效信息，故这三个主成分可以被用来解释最初的 8 个指标。

第四，分析主成分矩阵（见表 2 - 5）。

表 2 - 5　主成分矩阵

指标	主成分		
	1	2	3
GDP	0.953	0.244	0.179
GDP 增速	− 0.773	− 0.213	0.470
人均 GDP	− 0.553	0.455	0.692

指标	主成分		
	1	2	3
社会商品零售总额	0.970	−0.088	0.177
城镇居民人均可支配收入	−0.066	0.998	0.011
居民消费价格指数	0.612	−0.362	0.695
地方一般公共预算收入	0.955	0.119	−0.024
地方一般公共预算支出	0.970	0.118	0.002

第五，利用上述主成分矩阵表计算出表 2 − 6 的特征向量矩阵。

表 2 − 6　特征向量矩阵

指标	特征向量		
	Z_1	Z_2	Z_3
GDP	0.427	0.201	0.160
GDP 增速	−0.346	−0.175	0.421
人均 GDP	−0.248	0.375	0.620
社会商品零售总额	0.435	−0.073	0.158
城镇居民人均可支配收入	−0.029	0.822	0.010
居民消费价格指数	0.274	−0.298	0.622
地方一般公共预算收入	0.428	0.098	−0.021
地方一般公共预算支出	0.435	0.097	0.002

其中，Z_1 为第一特征向量，Z_2 为第二特征向量，Z_3 为第三特征向量。根据特征向量矩阵表可以得到主成分的表达式：

$$Y_1 = 0.427X_1 - 0.346X_2 - 0.248X_3 + 0.435X_4 - 0.029X_5 + 0.274X_6 + 0.428X_7 + 0.435X_8$$

$$Y_2 = 0.201X_1 - 0.175X_2 + 0.375X_3 - 0.073X_4 + 0.822X_5 - 0.298X_6 + 0.098X_7 + 0.097X_8$$

$$Y_3 = 0.160X_1 + 0.421X_2 + 0.620X_3 + 0.158X_4 + 0.010X_5 + 0.622X_6 - 0.021X_7 + 0.002X_8$$

第六，我们以特征根为权重，根据综合得分的计算公式对三个主成分进行加权综合得分计算，得到表 2 − 7 中的得分排名。

表 2 - 7 2013 年六大城市经济总量综合得分排名

城市	综合得分	排名
上海	2.020281507	1
北京	1.483674796	2
广州	− 0.2581143	3
深圳	− 0.58924847	4
天津	− 0.7808492	5
杭州	− 1.87574376	6

以上是基于主成分分析法对各城市 2012 年经济总量竞争力进行科学的计量判断。

基于以上方法和计算步骤,我们对 2012～2016 年各城市的经济总量进行了相关的评估和比较,结果如图 2 - 18 所示。

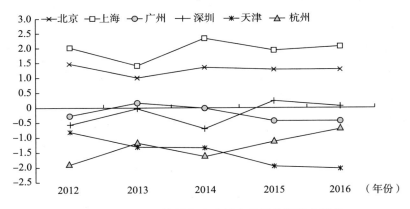

图 2 - 18 2012～2016 年六大城市经济总量综合得分

从排名上,我们看到了 2016 年广州排在第四位,从 2015 年开始已被深圳赶超,这说明广州经济发展状况整体上虽然有一定的竞争力,但是经济增长疲软,进入瓶颈期。同时值得注意的是,从 2016 年的数据来看,杭州紧随其后,其经济发展不容小觑。从前面的分析看,地方财政投入不足,导致广州经济增速不及其他城市,广州市应当改善产业结构,转型升级,寻找新的发展动力源,以提升广州的经济竞争力。

第三章 产业结构

1 指标设计

经过多年的发展，广州已逐渐形成了以服务业和工业为主、以农业为辅的产业发展格局。服务业方面，广州商贸服务、金融服务等现代服务业发达。工业方面，在我国40个工业行业大类中，广州拥有34个。其中，汽车制造、电子通信和石油化工工业产值约占广州工业总产值的1/3。广州已形成门类齐全、重工业基础良好的外向型现代工业体系。在农业方面，蔬菜、水果、花卉是广州农业生产大头，号称"水果之乡""南方花都"。广州已形成一套结构基本合理的现代城市产业体系。产业结构指标体系指标内容见表3－1。

表3－1 产业结构指标体系

单位：亿元，%

要素层	指标层
产业结构 （8个指标）	第三产业增加值
	第三产业 GDP 占比
	第二产业增加值
	先进制造业增加值
	金融产业增加值
	信息传输、计算机服务和软件业增加值
	房地产服务业增加值
	商务服务业增加值

本部分旨在通过对七个样本城市的产业结构,特别是样本的高新技术产业、现代服务业等影响一个城市可持续发展能力的产业进行对比分析,科学评价七个样本城市的产业竞争力。

2 产业结构概况

数据表明,七个样本城市之间在产业结构方面存在一定的相似性,同时也具有差异性。共性方面,主要体现在第三产业,七大城市第三产业占比均超过 50%;不同点在于第三产业占比七个城市还存在较大差异(见图 3-1)。进一步分析 2016 年七个样本城市三大产业 GDP 的占比,可以发现,北京的产业分化最明显,第三产业和第二产业占 GDP 比重比例约为8:2;上海和广州的第三产业和第二产业占 GDP 比重比例接近 7:3;深圳和杭州的第三产业和第二产业占 GDP 比重比例接近 6:4;而天津和成都相对接近5.4:4.4。七个城市的第三产业和第二产业的比重呈现四个梯度,而这四个梯度也反映了城市不同的产业结构和发展程度。值得注意的是,从第二、第三产业占 GDP 比重分析,北京第三产业占 GDP 比重超 80%,已接近国际大都市水平,而上海和广州与国际大都市相比仍有一定距离。

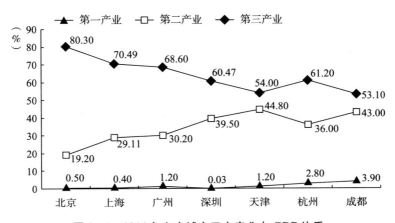

图 3-1　2016 年七大城市三大产业占 GDP 比重

从第二产业来看,2012~2016 年深圳、天津及成都增长势头强劲(见

图 3 - 2）。2016 年，第二产业的增加值七个城市的排位依次是天津、上海、深圳、广州、成都、北京和杭州。上海 2012 ~ 2016 年的第二产业增加值都在 8000 亿元左右徘徊，在 2012 ~ 2015 年都比天津的要高，但是天津第二产业增长势头强劲，2016 年增加值突破 8000 亿元，成为七个城市中唯一增加值超过 8000 亿元的城市，超越上海，排位第一。而深圳的第二产业增加值2012 ~ 2016 年呈现直线上升的趋势，2015 年和 2016 年紧逼天津、上海，实力强劲。广州第二产业增加值折线较平缓，2015 年和 2016 年的增加值基本持平。广州第二产业后劲不足，对比上海、天津和深圳仍有较大差距。2012 ~ 2016 年成都第二产业增加值增幅明显，从 2012 年的 3765.62 亿元增长到 2016 年的 5232 亿元，成都第二产业已经超越北京直追广州，不容小觑。北京一直处于 4000 亿元到 5000 亿元的区间，而杭州处于 3500 亿元到4000 亿元的区间，两个城市的第二产业增长较平稳，增幅较低。

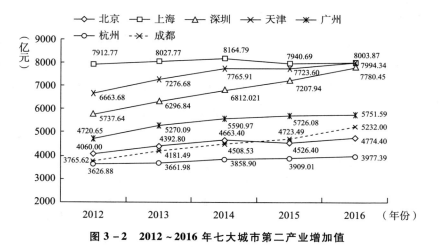

图 3 - 2　2012 ~ 2016 年七大城市第二产业增加值

对比分析发现，五年来广州第二产业增长平稳，相对乏力。这一方面是广州第二产业缺乏大项目投产的自然反映，也直接决定了广州 GDP 的整体表现；另一方面也表明，广州第二产业需要寻找新的发展动力。

相较于第二产业，样本城市 2012 ~ 2016 年第三产业增加值的曲线则更为简洁明了。如图 3 - 3 显示，2012 ~ 2016 年七个城市的第三产业都呈现较明显且涨幅稳定的增长。北京以绝对优势五年蝉联第一，之后依次是上海、广州、深圳、天津、杭州和成都。七个城市第三产业增加值呈现三个不同的梯度，第一梯度是北京和上海。这两个城市在 2012 年是仅有的两个第三产业增加值超过 10000 亿元的城市，到 2016 年它们又是仅有的两个第三产业增加值超过 19000 亿元的城市，且上海还在不断赶追北京，势头强劲。第二梯度的有广州、深圳和天津。这三个城市 2012 年增加值在 6000 亿元到9000 亿元区间徘徊，2016 年在 9500 亿元到 14000 亿元区间浮动，并且广州一直处于区间右端，天津位于区间左端，而深圳则稳定在区间中间。相较于第二梯度与第一梯度的较大差距，第三梯度与第二梯度的差距则相对较小。第三梯度的杭州和成都第三产业水平相当，两个城市的增加值都是从2012 年 4000 亿元左右增长到 2016 年的 6500 亿元左右，和第二梯度的天津仍有一定的差距，但差距不大。

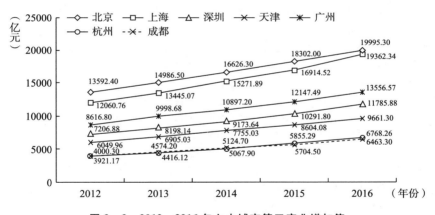

图 3 – 3　2012～2016 年七大城市第三产业增加值

通过对七个城市第二产业和第三产业的增加值对比分析，可以发现，在所有的城市中，广州在第二产业排位第四，第三产业排位第三，且两个产业与排位靠前的城市差距都较大，而后来者居多，广州需要不断提升两大产业的发展后劲以增强城市的竞争力。

城市产业结构与城市资源禀赋、城市定位、发展历程等因素具有密切联系，为了更为深入地把握七个样本城市的产业结构，需要对七个城市的第二、第三产业结构内部构成及其演化做进一步分析。七个城市的城市定位和主导产业基本情况如表3－2所示。

表3－2　七大城市定位和产业结构概述

城市	概述
北京	全国政治、文化、国际交往、科技创新中心； 工业主要部门：汽车制造业、医药制造业、通信和其他电子设备制造业等先进制造业，战略性新兴产业； 服务业主要部门：金融服务、科技服务和商务服务
上海	国际贸易、经济、金融和航运中心； 工业主要部门：汽车制造业、电子通信设备制造业、钢铁制造业、生物及现代医药工业、电站设备及配件制造业和家用电器制造业、高新技术产业； 服务业主要部门：信息服务、金融服务、商贸流通、房地产业
深圳	经济特区、国家自主创新城市、粤港合作示范区； 工业主要部门：计算机、通信和其他电子设备制造业，智能装备产业，电子信息、生物技术等新兴产业； 服务业主要部门：金融保险、现代物流、现代商贸、会议展览、文化动漫
广州	我国重要中心城市、国际商贸中心和综合交通枢纽； 工业主要部门：汽车制造业、电子通信产业、石油化工产业、生物医药产业； 服务业主要部门：商业贸易服务、金融服务及会展服务
天津	北方经济中心，国家工业中心和交通枢纽； 工业主要部门：航天航空产业、石油化工产业、装备制造业、电子信息产业、生物医药产业、新能源新材料产业、轻工纺织产业和国防科技产业； 服务业主要部门：现代物流、房地产业、金融保险
杭州	全国文化创意中心、旅游休闲中心、电子商务中心、区域性金融服务中心； 工业主要部门：先进装备制造、电子商务、信息软件、物联网产业、生物医药； 服务业主要部门：文化创意、旅游休闲、金融服务
成都	西部地区重要经济中心、科技中心、国际航运中心； 工业主要部门：电子信息、医药、航空航天、建材冶金、化工、机械及汽车产业； 服务业主要部门：金融服务、文化创意、休闲服务

　　北京是全国政治中心、文化中心、国际交往中心、科技创新中心。而在确立这四个中心的城市定位之前，北京对自身的产业结构和城市核心功能曾进行了多次的思考和探索，具体体现为北京自中华人民共和国成立以来经历过的三次城市产业结构的调整。第一次改革转型发生在中华人民共和国建国初期，主要将北京由一个消费型的城市转变为以工业生产为主的城市。由于第一次工业化转型在推动经济增长的同时带来了环境污染等问

题，因此在 20 世纪 90 年代北京推进了第二次转型，决定将北京由工业主导向服务业主导发展。第三次转型发生在 21 世纪初，北京的城市战略定位是坚持和强化全国政治中心、文化中心、国际交往中心、科技创新中心的核心功能，疏解经济等非首都功能。在这种发展战略指导下，北京在城市产业发展方面再次做出调整，确定六大高端产业功能区，大力发展服务业和高端制造业，制造业包括新能源新材料、装备制造、汽车零部件等，服务业包括生产性服务业和文化创意产业等。经过多年调整，北京市第三产业占国民经济比重从 2005 年的 69.6% 提高到 2009 年的 75.8%，再到 2016 年的 80.3%，其中金融服务、信息服务、科技服务和商务服务四大高端行业占服务业的比重超过了 50%。在产业结构上，高端服务业已成为北京最重要的经济助推器。

上海是我国最大的经济中心城市，也是一座国际性城市。和北京相似，上海的城市发展也经历了三次产业调整。第一次是中华人民共和国成立后将上海由多功能的经济中心向综合性工业基地转化。这一改革使上海在重工业得以快速发展的同时，完成了轻工业的改造重组，由此上海发展成为我国重要工业基地之一。第二次转型是在改革开放初期，目标是将上海由工业化城市向综合经济中心城市转变。在保持传统工业稳定增长的同时快速发展高层次的服务业，增强中心城市综合服务功能。为此上海对汽车制造、电子通信设备制造业、钢铁制造业、生物及现代医药工业、电站设备及配件制造业和家用电器制造业六大传统工业支柱产业进行结构调整，并大力扶植信息产业、金融服务业、商贸流通业、汽车产业、成套设备制造业和房地产业六大新兴支柱产业，上海经济发展开始进入工业化后期新阶段。第三次发展转型是在 21 世纪之后，上海的城市定位由具有国际影响力的城市向国际性城市转变，目标是成为国际经济、金融、贸易、航运中心。为此，上海着力推进产业结构优化，构建服务经济时代产业体系。到 2016 年，上海第三产业增加值 19362.34 亿元，增长 9.5%，占上海市生产总值的比重为 2/3 强；全市节能环保、新一代信息技术、生物医药、高端装备、新能源新材料和新能源汽车等战略性新兴产业制造业完成工业总产值

8307.99 亿元，占上海市生产总值的比重为 30.25%。上海已形成了以服务业为主、战略性新兴产业引领、先进制造业支撑的新型产业体系，不断提升服务经济特别是实体经济发展的质量和水平。

深圳是我国的经济特区，通过改革开放以来的快速发展，深圳已经成为我国重要的高新技术研发和制造基地。自 1980 年深圳特区成立以后，深圳经济发展经历了三次重大的产业转型。第一次转型发生在 1980～1994 年，实现了第一产业从无到有的快速发展。深圳临近香港，当时香港经济也在转型，深圳承接了香港制造业的转移，通过积极利用境外资本和技术，发展以"三来一补"为主的劳动密集型加工制造业和与之配套的相关商贸服务业，实现经济的快速增长。第二次转型发生在 1995～2004 年，完成了以劳动密集型加工制造业向高新技术产业的转型。深圳市政府很早就意识到"三来一补"劳动密集型产业的缺陷，确立了高新技术产业的战略发展方向，实现了出口加工业的转型升级与高技术产业的快速发展。通过扶持华为、中兴等多家重点高新技术企业，使高新技术产业成长为深圳的支柱产业。第三次转型是从 2005 年起至今，深圳提出"建成现代化国际化创新型城市"的发展目标，大力扶持生物、互联网、新能源新材料、新一代信息技术和文化创意等六大战略性新兴产业发展；同时，不断提高金融保险、现代物流、现代商贸、会议展览、商务办公、文化动漫等服务业在 GDP 中的比重。至 2016 年，深圳的服务业增加值增长为 8278.31 亿元，占 GDP 比重 50.2%；新兴产业增加值合计 7847.72 亿元，占 GDP 比重 40.3%。深圳正着力推进产业结构转型升级，全力推动经济稳定增长和可持续的全面发展。

天津处于环渤海地区和东北亚的核心重要区域，是北方的经济中心、国家工业中心和交通枢纽。在七个样本城市中，天津的第二产业占比最大，这与中华人民共和国成立后天津经历的产业结构转型密切相关。总的来说，天津的城市产业结构经历了两次重要转型。第一次转型发生在中华人民共和国成立初期的工业化阶段，天津由"多功能的北方经济中心"向"生产功能主导的工业城市"转型。这一次转型使天津的大型钢铁工业、石油化工产业和通信制造业等重工业得到了大力的发展；纺织、自行车、缝纫机、广播电视器材等轻工业产值飞速增长。天津建成了轻、重工业并举，门类齐全的工业体系，确立了天津"北方工业中心"的地位。第二次转型始于20世纪90年代。这次转型是天津从"生产功能主导的工业城市"向"综合功能的北方经济中心"城市定位的转变。在1999年国务院批复同意天津的城市总体规划中，天津中心城区要积极发展金融、商贸、信息、科研、文化、教育和高新技术产业，形成立足环渤海地区，辐射整个北方的多功能中心；天津的滨海城区则依托港口，重点发展现代工业、交通、能源和外向型产业，建成现代化新区。进入21世纪之后，天津更是加快了产业结构调整，一方面在改造提升汽车、冶金、化工和机械等传统制造业的同时，大力扶持以电子信息、生物技术和医药、光机电一体化、新能源新材料为主的高新技术产业；另一方面着力推动现代物流、房地产业、金融保险、旅游和社会服务业等新兴服务产业。目前，天津已形成八大优势支柱产业：航天航空产业、石油化工产业、装备制造业、电子信息产业、生物医药产业、新能源新材料产业、轻工纺织产业和国防科技产业。到2016年，天津的优势产业增加值占全市工业的91.0%。而第三产业服务业增加值高达9661.30亿元，增速10%以上。天津不断扎实推进产业结构转型改革，保持经济平稳增长。

杭州是全国文化创意中心、旅游休闲中心、电子商务中心、区域性金融服务中心和高技术产业基地。自秦朝设县治以来已有2200多年历史的杭州，自古以来便是重要的商业集散中心。悠久的历史资源加上美丽的风景资源又使杭州成为全国家喻户晓的"人间天堂"。但是杭州的城市名片绝不仅此而已。为了促进杭州经济社会人文科技全面发展，杭州自改革开放以来做了不少的探索和尝试。在改革开放之初，杭州大力发展传统的劳动密集型产业，形成了以纺织服装、工艺品、饮料及烟草制品、建材及化工产品、机械设备、医药及医疗器材等传统行业为主的工业体系，拉动了杭州工业的发展，提升了杭州的经济实力。到了21世纪之后，杭州积极调整产业结构，制定了以医药港、信息港为核心，大力发展电子信息、生物医药等高新技术产业的"两港五区"战略部署。重点发展以文化创意、旅游休闲、金融服务、先进装备制造、电子商务、信息软件、物联网、生物医药、节能环保、新能源十大产业为主体的战略性新兴产业和服务业，推动创新型经济发展实现新突破。在国际金融危机影响下，国内经济普遍面临下行压力，但杭州连续保持两位数的年均增幅，特别是电子商务产业、移动互联网产业、数字内容产业在 2015 年和 2016 年连续两年保持 35% 以上增幅的增长，发展势不可当。如今杭州是国家信息化试点城市、电子商务试点城市、电子政务试点城市、数字电视试点城市和国家软件产业化基地、集成电路设计产业化基地。以信息和新型医药、环保、新材料为主导的高新技术产业已成为杭州的一大特色和优势。

成都是我国西部地区重要的经济中心、科技中心及国际航运中心，同时也是中国十大古都之一，是国内的历史文化名城。作为一个综合型城市，成都在城市发展演进及产业结构调整路径上也有自身的考量。从 20 世纪 50 年代开始，成都逐渐发展成为全国三个电子工业基地之一。1964 年开始的三线建设，在成都兴建了一大批大型国有企业，彻底改变了成都以农业和第三产业为主的经济结构，奠定了成都工业经济的基础。自 21 世纪以来，成都大力推进传统工业的改革，重点培育新一代信息技术、新能源新材料、生物医药、高端装备制造等战略性新兴产业，推进产业向知识技术密集、物质资源消耗少、综合效益好转型。另外，成都深入推进服务业结构战略性优化调整，加快发展现代物流、文化创意、信息与科技服务等先导服务业，不断提升商贸、金融、旅游等支柱服务业，大力拓展电子商务、健康产业、环保服务等新兴服务，构建服务业体系。从 2014 年的服务业增加值5124.7 亿元，增长到 2016 年的 6463.3 亿元，两年时间增长了 1338.6 亿元，年均增幅 12.3%，并已逐渐形成了以金融服务、文化创意、休闲服务业为新增长点的服务业体系。

3　高新技术产业

高新技术产业是知识密集、技术密集的产业。它是以高新技术为基础，从事一种或多种高新技术及其产品的研究、开发、生产和技术服务的企业集合。高新技术产业的共性技术、关键技术往往开发难度很大，但一旦开发成功，却具有非同一般的经济效益和社会效益。

当前，世界各国都把发展高新技术产业、争夺高新技术领域的领先地位作为首要任务。为了发展高新技术产业，中华人民共和国成立以来制定了多项计划。如 1986 年的"863 计划"，中央财政专项重点扶持生物技术、航天技术、信息技术、激光技术、自动化技术、能源技术、新材料技术 7 个领域高新技术产业。再比如 1988 年的"火炬计划"，重点支持微电子技术、计算机技术、信息技术、激光技术、新型材料技术、生物工程、新能源和高效节能技术、机电一体化技术等的开发研究及其产业化发展，将创办高新技术产业开发区和高新技术创业服务中心列入"火炬计划"，等等。国家系列科技计划及配套产业政策的陆续出台为各地政府产业革新和经济发展指明了方向，增加了动力。可以说，发展高新技术产业已成为一个城市实现可持续发展，保持核心竞争力的关键。

3.1　发展概况

经过十几年的发展，广州高新技术产业已具有较大规模，在通信和其他电子设备制造业、汽车制造业等高新技术行业，形成了一定的规模与优势。

2016 年，广州市工业高新技术产业产值达 9109.85 亿元，占规模以上工业总产值的 46.5%，相较于 2015 年的 43% 提升了 3.5 个百分点；工业高新技术出口产品销售收入占工业出口产品交货值比重的 39.5%，高新技术产品输出能力越来越强。规模以上高技术制造业增加值 664.55 亿元，增长 7.5%，其中，医药制造业增长 17.8%，电子及通信设备制造业增长 7.2%，医疗设备及仪器仪表制造业增长 5.1%，同时航空航天器制造业下降 4.8%，电子计算机及办公设备制造业下降 2.6%。全年规模以上汽车制造业、电子产品制造业和石油化工制造业三大支柱产业完成工业总产值 9693.48 亿元，增长 7.6%，占全市规模以上工业总产值的比重为 49.57%。其中，汽车制造业和电子产品制造业分别完成工业总产值 4346.27 亿元和 2892.88 亿元，分别增长 12.6% 和 7.9%，石油化工制造业完成工业总产值 2454.33 亿元，下降 0.3%。

在高新技术产业产值实现较快增长的同时，广州高新技术企业也呈现爆发式增长。2016 年广州市净增高新技术企业 2820 家，居全国第二，是 2015 年净增数 263 家的 10 倍多，增速居全国副省级以上城市首位，目前全市高新技术企业累计达到 4740 家。在这 4740 家高新技术企业里，按企业规模分有：规模以上工业企业 866 家，年营业收入超过 50 亿元 18 家、超过 10 亿元 123 家，2 家成为世界企业 500 强、10 家成为中国企业 500 强、4 家成为中国制造业企业 500 强、10 家成为中国服务业企业 500 强。89 家高新技术企业在境内外主板上市、266 家在新三板挂牌。广州高新技术企业的行业分布情况如下：电子信息领域 2054 家，先进制造与自动化（高新技术改造传统产业）领域 746 家，高技术服务领域 674 家，生物与新医药领域 457 家，新材料技术领域 409 家，以上五个技术领域涵盖全市高新技术企业总量的 91.5%。

高新技术产业依赖于创新研发。在创新研发投入方面，广州高新技术企业表现强劲。2016 年全市高新技术企业在 R&D 投入方面约占全市 R&D 投入的 69%，投入费用比 2015 年增长 8%；专利申请量约占全市专利申请量的 23%，其中发明专利占了一半。

总体而言，广州已形成以高新技术开发区为龙头和依托的产业发展基地，并已在信息、软件、生物、新材料、高技术服务业、综合性高技术产业等领域，形成相对优势。截至 2016 年年底，全市拥有国家工程技术研究中心 18 家，国家级企业技术中心 24 家，国家重点实验室 19 家，国家级孵化器培育单位 14 家；省级工程技术研究中心 658 家，省级重点实验室 191 家，省级新型研发机构 44 家，省级众创空间试点单位 27 家；市级企业研发机构 1734 家，市级重点实验室 137 家；国家级、省级大学科技园 6 个。对比过去四年情况，广州的高新技术产业发展平稳。

3.2 先进制造业比较分析

发展高新技术产业是现阶段我国各地提升城市综合竞争力的必由之路。

对比分析样本城市高新技术产业的发展状况，有助于更好地把握各地的城市综合竞争力。鉴于高新技术产业范围较大及数据采集的困难，我们主要对高新技术产业中最重要的先进制造业及高新技术产品竞争力进行对比研究，以此评价样本城市的综合竞争力。

3.2.1　先进制造业增加值

依据国家统计局划分标准，我们将先进制造业分为四大类，分别是医药制造业，铁路、船舶、航空航天和其他运输设备制造业，通信设备、计算机及其他电子设备制造业，仪器仪表制造业。下面我们先对七个城市先进制造业增加值进行一个横向的比较，之后再进行细分制造业的对比分析。

如图 3 - 4 所示，从 2012～2016 年的增加值来看，深圳先进制造业优势十分明显，是唯一一个五年总产值超过 10000 亿元的城市，且在 2016 年已超过 17000 亿元，相当于同年上海、北京、天津、广州四个城市先进制造业增加值之和。上海先进制造业产值表现相对稳定，基本在 6000 亿～7000 亿元区间浮动，接近排在第三的天津增加值的 1.8 倍。北京和天津的产值接近，实力相当。按照五年的综合排位广州排在第五，但近年来产值呈现下滑趋势，2015 年被成都赶超，且差距逐渐拉大。杭州排位最后，但是最近三年能够保持较稳定的增长，在 2016 年已经接近广州产值，广州先进制造业表现欠佳。

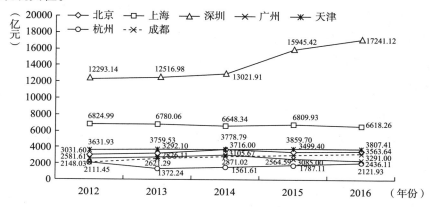

图 3 - 4　2012～2016 年七大城市先进制造业增加值

从先进制造业增加值来看，广州在先进制造业方面比不上在高新技术产业方面疾速发展的深圳和上海，在工业方面比不上有着雄厚实力的北方城市天津及国家科技中心北京。西部地区的成都以及新兴的杭州先进制造业发展势头强劲，广州先进制造业发展欠佳，后劲乏力，亟须引起足够的重视。

3.2.2 先进制造业细分情况

通过上文简要对比分析发现，在先进制造业领域，广州近年来整体表现欠佳。在国家统计局所做的先进制造业分类目录中，七个样本城市在四类细分产业中的表现各有千秋。

（1）医药制造业

医药制造产业是我国国民经济的重要组成部分，同时也是关系国民健康安全和社会稳定的特殊产业。随着我国对外开放步伐的加快、国民收入的提高、国民健康意识的增强，以及政府对医疗体制改革的不断深化，我国医药制造产业逐渐显现出了持续增长的势头和巨大的市场潜力。作为增长速度最快的高新技术产业之一，被称为"永不衰落的朝阳产业"的医药制造业在地区经济中的地位日益凸显。

从图3-5显示的样本城市2012~2016年医药制造业产值数据来看，北京、上海和天津的医药制造业优势明显。排位第四的杭州增长势头最强劲。广州排在第五位，近年来增长较平稳。第六位是深圳，随之是成都。进一步分析可以发现，样本城市医药制造业的排位格局与各城市政府的城市定位、资源禀赋及产业政策紧密相关。国家政策、人才资源及城市定位，对于各地医药制造业的发展，具有重要影响。

医药制造产业是北京重点扶植和发展的产业。近年来，北京市不断增大对其的投入，全国重点医药科研项目大多在北京研究开发，各项医药生物工程也在北京投资组建，综合各种因素，北京医药制造产业在七个城市中排位第一。排名第二的上海在20世纪90年代长期保持全国医药工业第一的位置，虽近年来已被北京赶超，但是坐拥上药、复星和上实等知名医药企业的上海本身资质优良，且目前上海多家医药企业已跻身全球生物医药研发外包市场，成为上海医药制造业发展的新增长点。而天津则在天津开发区启动了泰达大健康产业园建设，着力打造中国现代化大健康专业园区示范基地，大力发展医药制造业、生物医药业等健康产业。

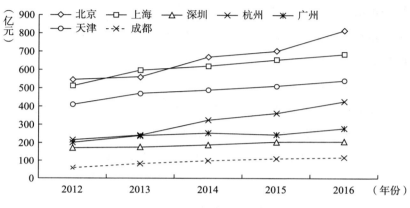

图 3 – 5　2012～2016 年七大城市医药制造业产值

值得指出的是，浙江打造的生物医药特色小镇发展模式颇具新意。杭州在 2011 年被认定为生物医药行业国家高新产业基地后，加快了国家生物产业基地核心区的建设，重点推进生物医药特色小镇建设，诞生了桐庐健康小镇、富阳药物小镇等一批新型生物医药产业集聚平台，大力推动了其医药制造业、生物医药产业的发展。而广州开发区在 2006 年就被国家发改委认定为"国家生物产业基地"，并形成以保健食品、医疗器械、现代中药为主导，以精准医疗、再生医学等优势产业为辅的产业集群，拥有一批高水平的医疗机构、科研院所和知名企业。但相较于北京、上海和天津的医药制造业，近年来，广州缺乏医药制造业新增长点，而在产业发展模式上还停留在传统的引进外资及技术方面，改革创新精神不够，新型产业集聚模式有待探索。

（2）交通运输设备制造业

交通运输设备制造业主要包括铁路运输设备、船舶、航空航天器、交通器材及其他交通运输设备制造业等，它的发展水平反映出一个国家或地区在科学技术、工艺设计、材料、加工制造等方面的综合配套能力，是一个国家或地区先进制造业的重要体现。同时，交通运输设备制造业具有产业关联度大、规模效益显著等特点，可以直接带动钢材、橡胶、塑料、机械、电气等行业的发展，间接带动商业、金融保险、产业服务业的发展，对于拓展市场需求，形成先进的工业体系具有较强的支撑作用。所以，城市的交通运输制造业的经济体量及其发展的潜力对于评估城市竞争力有着重要的代表意义。

样本城市 2012 ~ 2016 年交通运输设备制造业产值折线图（见图 3 - 6）表明，天津、广州、成都的运输制造业产值位居前三，北京比成都稍逊色一点，位于第四，之后是实力相当的深圳以及上海，最后是杭州。下面我们主要对排位前三的天津、广州以及成都的运输设备制造业进行进一步的分析。

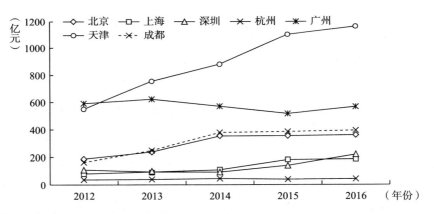

图 3 - 6　2012 ~ 2016 年七大城市铁路、船舶、航空航天和
其他运输设备制造业产值

天津位于海河下游，地跨海河两岸，是华北地区的交通咽喉和远洋航运的港口。它处于京沪高速铁路、京津城际铁路等高速铁路的交汇处，同时拥有世界等级最高、中国最大的人工深水港以及吞吐量世界第四的综合性港口。另外，在国家战略支持下，天津形成了以大飞机、大火箭等一批国家级航天航空制造业项目为依托的"三机一箭一星一站"产业格局，建有航空航天领域的空客 A320 总装线、新一代运载火箭、特种飞行器生产基地、直升机产业基地、无人机产业基地、机翼组装生产、航天器制造产业

基地。国家级重大项目的落地、国家级产业基地的建设，给天津的航天航空制造业带来了快速的发展。2014 年天津的航天航空制造业产值增长38.1%，2015 年增长 25.2%，2016 年虽有所下滑，但仍能实现 14.9% 的增长。如今天津已经成为全球唯一兼有航空与航天两大产业的城市，在航天航空制造产业方面优势明显。总体而言，天津的铁路、船舶、航空航天和其他运输设备制造业，发展基础扎实、潜力巨大，排在七个城市首位理由充足。

和天津相似，广州也通江达海，位于珠三角中心地带，是华南地区最大的主枢纽港和主要对外贸易口岸，同时也是国家第一批综合交通枢纽示范工程城市。广州坐拥全球最大的散货运输企业、全球最大的特种船运输企业，中外运华南总部、广东省航运集团、中船、海上丝绸之路国际海员中心等一批航运行业龙头企业也在广州落户，江海运输设备制造业发展规模大，实力强。同时，广州是我国三大铁路枢纽之一——广铁集团所在地，目前拥有京广铁路、京港高铁、贵广高铁等，带动广州数千亿元的铁路交通设备制造业的发展。另外，广州是全国三大机场枢纽所在地，是我国三大民航巨头——首航、东航、南航的总部所在地，占据了我国民航市场大部分份额，带动了广州航空制造业链和服务业链的完善升级，加速广州航空制造业产业的发展。总体而言，广州发展交通运输设备制造业条件优越，应进一步理清发展思路，明确自身定位，实现与天津的错位发展。

和天津、广州不一样的是，排位第三的成都是一个内陆城市，但作为"一带一路"计划中的西部综合交通枢纽中心，成都近年来的交通运输建设和发展，可圈可点。成都是国家重要的航空产业基地，有着集飞机研发、设计、制造、测试和维修等于一体的完整航空产业链和体系。近年来，成都不断加快国际知名、国内一流、西部领先的通用航空综合示范区建设，重点打造以通用机场运营、航空金融、飞机整机和零部件研发制造、飞机维修保养等服务为一体的通用航空产业园。同时，成都拥有西南最大的综合交通枢纽——成都东站，建成成渝、沪汉蓉等高铁线，并且仍在不断规划扩建成都的铁路线网。成都交通运输产业的规划和发展对运输设备制造业起着重要的拉动作用。

（3）电子设备制造业

通信设备、计算机及其他电子设备制造业，主要是指从事通信设备、雷达及配套设备、广播电视设备、电子计算机、电子元器件、家用视听设备和其他电子设备的生产制造活动的产业，该产业是电子信息产业的基础产业。通信设备、计算机及其他电子设备制造业作为高新技术产业，对国民经济其他产业的发展具有很强的辐射及带动作用，进而能够促进整个国民经济的发展。研究表明，中国各工业行业中，通信设备、计算机及其他电子设备制造业对其他产业的影响最大。电子设备制造业也是国家重点发展的支柱性产业。因此，比较分析七个城市通信设备、计算机及其他电子设备制造业发展过程中的经验教训，具有重要的现实意义。

如图 3 - 7 所示，2012～2016 年，深圳通信、计算机以及其他电子设备制造业表现突出，年产值均在 10000 亿元以上，2016 年更是突破 16000 亿元，几乎是其余六个城市通信设备、计算机以及其他电子设备制造业的产值之和，也是近年深圳经济突飞猛进的重要支柱。上海电子设备制造业与深圳相比虽有较大差距，但相较于其余五个城市优势仍相当明显。而除了深圳和上海，其他五个城市的通信、计算机及其他电子设备制造业规模相近，竞争激烈。北京、天津和广州的实力不相上下，成都和杭州也紧随其

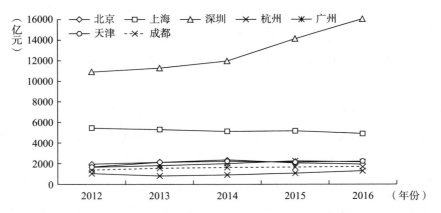

图 3 - 7　2012～2016 年七大城市通信设备、计算机及其他电子设备制造业产值

后。比较分析深圳、上海及广州的通信、计算机及其他电子设备制造产业发展历程，总结各地发展的经验与教训，对于进一步发展广州高新技术产业，无疑具有重要的参考价值。

首先来看深圳。深圳是靠加工贸易电子通信产品起家，靠电子通信产业创新出名的经济特区。从 20 世纪 80 年代到 21 世纪初期，深圳成为港澳台与外资大型企业的制造中心与供应链集中地，奠定了深圳电子通信设备制造业的基础，使得深圳成为全球电子通信产品的加工厂。依靠制造业崛起的深圳，紧抓时代机遇，充分利用财税等政策，吸引各地人才，扶持和培育了大批创新型电子通信产业的龙头企业。通信领域知名企业华为、中兴就是在深圳走向国际的。而目前深圳集中了国内 75% 的手机制造商、60% 的手机研发设计商和 90% 的全国手机包销商，手机生产零部件配套率达到 99%。深圳已成为全球最大的手机设计、研发、制造、交易中心。另外，以康佳、创维为代表的家电企业在国内市场风生水起，以腾讯公司为代表的互联网企业也成长为中国互联网的一极。可以说，深圳已成为国内乃至全球电子信息产业的超级城市。这样的发展模式虽说无法复制，但其中本土企业主导创新模式，以及政府产业培育、招商引资、环境营造、人才引入政策等创新环境建设经验，值得其他城市借鉴参考。

其次，相对于深圳，上海则呈现出另一番景象。上海是我国的老工业基地，电子通信制造业一直是上海的支柱产业。上海集成电路研发中心 2007 年被国家发展改革委批准为国内唯一的国家级集成电路研发中心、数字电视国家工程研究中心，工业和信息化部电信研究院也在上海设立华东分院，至 2010 年前后，上海已成为我国电子通信制造领域的重要基地，基本形成以计算机、通信和网络设备、电子元器件为主的产业体系，并在集成电路产业、TD 领域、汽车电子产业领域取得了较好的进展。2010 年上海电子通信制造业工业总值曾达到 7022.46 亿元，占全市工业总产值的 23.3%，处于全国领先地位。但受"龙芯事件"等因素的负面影响，近年来，上海电子通信制造业发展乏力，总量上不去，占比逐年下降。虽然上海先后出台了《上海市电子信息产业调整和振兴计划》《上海推进电子信制造业高新技术产业化行动方案（2009～2012年）》等产业支持政策，从产业政策引导、产业基金扶持、公共服务建设、加强对外交流等方面优化产业发展环境，但总体效果欠佳。上海在电子通信制造业方面发展的经验教训表明，推进自主创新，强化知识产权保护，构建产业核心竞争力，是加快高新技术产业发展的必由之路。

最后，我们重点来分析广州的电子设备制造业。一直以来，广州都比较重视发展以通信设备、计算机及其他电子设备制造业为核心基础的新一代信息技术产业。2010年，广州就提出了发展信息产业等十大核心产业的战略规划；2015年《中共广州市委广州市人民政府关于加快实施创新驱动发展战略的决定》，再次明确提出重点发展新一代信息技术等战略产业；2017年广州发布《广州市建设"中国制造2025"试点示范城市实施方案》，规划打造"世界显示之都"。

广州对以通信设备、计算机及其他电子设备制造业为核心基础的新一代信息技术产业的重视直接推动电子设备制造业的发展。通过图3-7可见，广州通信设备、计算机及其他电子设备制造业产值，从2012年的1783.90亿元上升到2016年的2310.03亿元，实现稳定增长。而目前，作为国内三大通信枢纽、互联网交换中心和互联网国际出入口之一的广州，信息基础设施发达，已形成了以新型显示、集成电路、新一代移动通信、虚拟现实等电子通信设备产业为主的信息产业体系。但总体而言，特别是和深圳相比，广州的电子通信设备制造业发展存在产业定位不清、核心技术及集成能力偏弱、龙头企业欠缺等问题。不过近两年来，广州市政府已加大对于电子通信制造业的扶持力度，目前已经吸引了思科、富士康等一批电子通信产业龙头企业来穗落户建设，这为广州的信息产业、电子设备制造业加速发展增添了新动力。

（4）仪器仪表制造业

仪器仪表是进行测量、采集、分析与控制各种信息的手段和设备，也是信息产业的源头和组成部分。因此仪器仪表制造业是推进国家创新驱动战略的重要支撑，其发展水平对于新兴信息产业、高端装备制造业、新能源新材料等战略新兴产业的发展具有重要意义。

　　在仪器仪表制造业这一块，因成都数据不齐全，故我们只能对其余六个城市进行比较。通过图 3 - 8 可以发现，上海和北京在仪器仪表制造业方面表现相对稳定，深圳最近三年仪器仪表制造业增速明显，2016 年赶超北京排位第二。杭州增长也较快，排在第四位，而天津和广州在仪器仪表制造业方面与上海、北京、杭州、深圳有较大的差距。

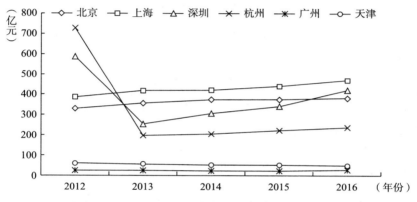

图 3 - 8　2012 ~ 2016 年六大城市仪器仪表制造业产值

　　上海、深圳和北京的仪器仪表制造业发展情况有局域典型意义。这三个城市都是国内的科技中心、国家战略产业发展基地，对仪器仪表制造产品有着巨大的市场需求。同时，这三个城市基础设施完善，融资市场发达，产业环境和制度环境优越，产业链完整，地方政府财政的支持力度大，吸引培育了国内上市的仪器仪表制造业企业在城市中立足扎根。如国内排位前 15 名的上市仪器仪表制造业企业，上海的神开和埃斯顿，深圳的科陆电子、炬华科技、浩宁达，北京的雪迪龙、安控科技均在行列。在这方面，天津和广州具有巨大差距，没有一家仪器仪表制造业企业上榜。杭州近年来仪器仪表制造业的增长明显，其中三星医疗、海兴电力、远方光电这些行业龙头企业作用明显。

　　总的来说，仪器仪表制造业发展水平与新兴信息产业、高端装备制造业、新能源新材料等战略新兴产业的发展关系密切，广州仪器仪表制造产业缺乏竞争力，也在一定程度上制约了电子设备制造业等相关战略新兴产业的发展。

因此，广州应进一步优化产业结构布局，集中力量突破战略新兴产业的共性技术与关键技术，加大对新兴信息产业、新能源产业等仪器仪表制造业上下游产业的支持力度，优化产业发展环境，提升先进制造业竞争力。

通过上文对七个城市先进制造业的分析表明，广州的先进制造业总体实力要弱于北京、上海、深圳和天津。在医药制造业方面，广州在七个城市中排位第五，排在北京、上海、天津和杭州后面；在铁路、船舶、航空航天和其他运输设备制造业方面排位第二，仅次于天津；通信设备、计算机及其他电子设备制造业表现一般，与深圳和上海有较大差距；仪器仪表制造业广州排位最后，战略新兴产业发展潜力不足。为保持经济的持续竞争力，广州必须确立先进制造业的优先发展地位，进一步明确高新技术产业发展定位，构建更具竞争力的先进制造业体系，夯实国际航运枢纽、国际航空枢纽、国际科技创新枢纽的目标基础。

3.3 高新技术产业竞争力评价

上文主要对七个城市的以先进制造业为代表的高新技术产业发展现状进行了比较分析。下文通过比较评价方法对城市的高新技术产业竞争力进行对比分析。受限于天津、成都以及杭州的统计数据不完整，所以下文我们重点对北京、上海、深圳和广州的高新技术产业进行对比分析。

3.3.1 比较评价方法

对高新技术产业的评价，我们将运用高新技术产业的进出口数据分析其产业的竞争力，采用贸易竞争力指数（TC 指数）与显性比较优势指数（RCA 指数）相结合的方法，对比各城市的高新技术产业的竞争力强弱。

（1）贸易竞争力指数

贸易竞争力指数（TC 指数）是对国际竞争力分析时比较常用的测度指标之一，它表示一国进出口贸易的差额占进出口贸易总额的比重，主要从产品进出口的数量来分析某类产品在国际市场上的表现。其公式为：

$$TC = \frac{V_e - V_i}{V_e + V_i}$$

其中：TC 代表产品贸易竞争力指数；

V_e 代表某类产品的出口值；

V_i 代表某类产品的进口值。

一般认为：若 $0.8 \leqslant TC < 1$，则该产品具有很强的国际竞争力；

若 $0.5 \leqslant TC < 0.8$，则该产品具有较强的竞争力；

若 $0 < TC < 0.5$，则该产品具有竞争优势，但不明显；

若 $-0.5 \leqslant TC < 0$，则该产品具有低竞争力；

若 $-0.8 \leqslant TC < -0.5$，则该产品具有较低竞争力；

若 $TC < -0.8$，则该产品具有很低的竞争力。

（2）显性比较优势指数

显性比较优势指数（RCA 指数）是指一国总出口中某类产品所占份额相对于该产品在世界贸易总额中所占比例的大小。其公式为：

$$RCA = \frac{\frac{X_e}{X}}{\frac{W_e}{W}}$$

其中：X_e 为一国某类产品的出口额；

X 为一国所有产品的出口额；

W_e 为该类产品的世界出口总额；

W 为所有产品的世界出口总额。

一般认为：若 $RCA \geqslant 2.5$，则具有强的竞争力；

若 $1.25 \leqslant RCA < 2.5$，则具有较强的竞争力；

若 $0.8 \leqslant RCA < 1.25$，则具有一般的竞争力；

若 $RCA < 0.8$，则具有较弱的竞争力。

注：根据日本贸易振兴机构（JETRO）的标准

3.3.2 地区高新技术产业竞争力比较

（1）显性比较优势指数

由于是对四大城市的高新技术产业比较，在此显性比较优势指数（RCA）公式中的 X_e 为某城市的高新技术产品出口总额，X 为某城市所有产品的出口额；W_e 为高新技术产品的中国出口总额，W 为所有产品的中国出口总额。2012～2016 年北京、上海、广州、深圳四城市高新技术产品及总出口额度见表 3-3、表 3-4。通过计算可得四地显性比较优势指数情况，具体如表 3-5 所示。

表 3-3　2012～2016 年北上广深高新技术出口额

单位：亿美元

年份 城市	2012	2013	2014	2015	2016
北京	190.18	203.57	187.50	140.35	113.19
上海	906.64	887.13	890.63	860.88	786.14
广州	266.37	240.75	223.64	137.36	139.90
深圳	1412.20	1690.01	1367.41	1403.38	1215.43

表 3-4　2012～2016 年北上广深总出口额

单位：亿美元

年份 城市	2012	2013	2014	2015	2016
北京	596.32	630.98	623.36	546.66	520.20
上海	2068.07	2042.44	2102.77	1969.69	1834.67
广州	564.74	628.07	727.13	809.43	781.18
深圳	2713.62	3057.02	2843.62	2640.39	2375.47

表 3-5　2012～2016 年北上广深 *RCA* 指数

年份 城市	2012	2013	2014	2015	2016
北京	1.09	1.08	1.07	0.89	0.76
上海	1.49	1.45	1.50	1.52	1.49
广州	1.61	1.28	1.09	0.59	0.62
深圳	1.77	1.85	1.71	1.84	1.78

实证研究表明，2013～2016 年深圳、上海一直处于高新产品竞争力较强的地位，而北京、广州表现较为一般。值得注意的是，广州在 2012 年高

新技术产业产品竞争力位居国内第二，但从 2013 年开始急剧下滑，2016 年广州 *RCA* 指数已低于 0.8，基本处于竞争力低下水平，需要引起高度重视（见图 3 – 9）。

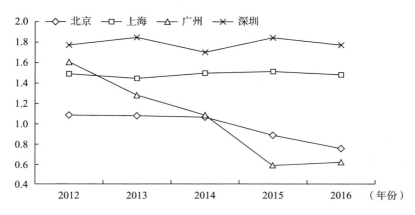

图 3 – 9　2012 ～ 2016 年北上广深 *RCA* 指数分析

（2）贸易竞争力指数（*TC* 指数）

对于一个城市来说，只用显性比较优势指数衡量该产业的竞争力缺乏一定的说服力（见表 3 – 6、表 3 – 7），因此下文运用贸易竞争力指数来衡量该地区的产品贸易竞争力情况。运用上文公式可得出四地 *TC* 指数如表 3 – 8 所示。

表 3 – 6　2012 ～ 2016 年北上广深高新技术产业进口额

单位：亿美元

城市＼年份	2012	2013	2014	2015	2016
北京	298.80	292.38	293.73	261.26	254.96
上海	824.46	792.40	819.23	846.73	773.21
广州	162.10	142.76	160.73	151.50	136.74
深圳	1108.46	1388.42	1108.82	1139.11	1061.02
全国	5068.60	5582.00	5514.00	5492.91	5237.24

表 3 - 7   2012～2016 年北上广深高新技术产业出口额

单位：亿美元

年份 城市	2012	2013	2014	2015	2016
北京	190.16	203.57	187.50	140.35	113.18
上海	906.64	887.13	890.63	860.88	786.14
广州	266.37	240.75	223.64	137.36	139.90
深圳	1412.20	1690.06	1367.41	1403.38	1215.43
全国	20487.14	22090.04	23422.93	22734.69	20976.31

表 3 - 8   2012～2016 年北上广深高新技术产业 TC 指数

年份 城市	2012	2013	2014	2015	2016
北京	- 0.2221	- 0.1790	- 0.2200	- 0.3011	- 0.3850
上海	0.0474	0.0560	0.0417	0.0083	0.0083
广州	0.2433	0.2555	0.1636	- 0.0489	0.0114
深圳	0.1205	0.0979	0.1044	0.1039	0.0678
全国	0.0851	0.0837	0.0900	0.0880	0.0713

从图 3 - 10 中，不难发现，广州市贸易竞争力位居四大城市之首。广州的 TC 指数均值在 $0 \leqslant TC < 0.5$ 范围内，说明广州在中国范围内具有强的竞争力，而其他三个城市的 TC 指数均值要低于广州，尤其是北京，在四个城市中倒数第一。

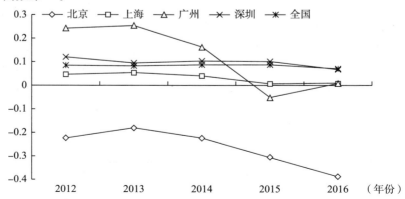

图 3 - 10   2012～2016 年北上广深贸易指数 TC

（3） *TC - RCA* 矩阵

根据 2016 年数据，综合考虑各大城市高新技术产业的 *TC* 和 *RCA* 两种评价结果，以横轴代表贸易竞争力指数，以纵轴代表显性比较优势指数，并依据相应的分类指标，可得到四城市高新技术产业国际竞争力的 *TC - RCA* 矩阵（见图 3 - 11）。图中的圆圈大小分别代表北上广深高新技术产业的出口额，处于第一象限，代表城市的高新技术产业具有强的国际竞争力；处于第二象限，代表城市的高新技术产业国际竞争力较弱，越是靠近左下方，其竞争力越弱。

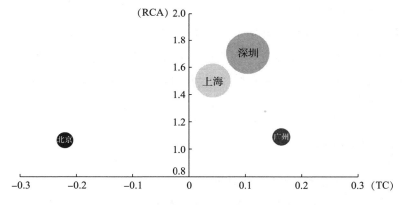

图 3 - 11　2016 年北上广深 *TC - RCA* 指数矩阵

从 *TC - RCA* 指数矩阵图中可以看出，深圳、上海、广州的高新技术产业都具有强的国际竞争力，而北京高新技术产业的国际竞争力较弱。

综上，在高新技术产业领域，广州在一线城市中表现得并不出色，高新技术产业发展动力不足，缺乏高水平的高新技术项目投资，如不能得到有效改变，在未来的经济周期中将处于不利地位。特别是，广州与深圳毗邻，快速发展的深圳高新技术产业将产生虹吸效应，这无疑会加大广州发展高新技术产业的压力。

4　现代服务业

现代服务业是国民经济的重要组成部分，是衡量生产社会化和经济市场化程度的重要标志。国家统计局 1985 年发布的《关于建立第三产业统计的报告》，将第三产业分为四个层次：第一层次是流通部门，包括交通运输业、邮电通信业、商业饮食业、物资供销和仓储业；第二个层次是为生产和生活服务的部门，包括金融业、保险业、公用事业、居民服务业、旅游业、咨询信息服务业和各类技术服务业等；第三个层次是为提高科学文化水平和居民素质服务的部门，包括教育、文化、广播电视事业，科研事业，生活福利事业等；第四个层次是为满足社会公共服务需求的部门，包括国家机关、社会团体以及军队和警察等。

为了便于利用七个城市的统计年鉴与城市经济普查数据，本文将基于统计年鉴中服务业的行业类别及其主要经济指标进行城市间的对比分析，同时着重分析比较 2016 年七个城市的商务服务业、金融业、房地产业，以及信息传输、软件和信息技术服务业的发展现状，从中判断广州服务业所处地位及其产业竞争力。

4.1 发展概况

4.1.1 广州现代服务业总体概况

广州号称"千年商埠"，历史上一直是中国最重要的商业中心之一，发展现代服务业具有明显优势。2010 年国家发改委确定将广州作为国家服务业综合改革试点城市，《珠江三角洲地区改革发展规划纲要（2008～2020 年）》明确支持广州强化国家中心城市、综合性门户城市和区域文化教育中心的地位，建成面向世界、服务全国的国际大都市。在区位优势、历史优势、政策优势等资源的支持下，广州服务业 2012～2016 年也取得了较好的发展。

从服务业总量来看（见图 3－12），2012～2016 年广州市第三产业增加值从 8616.8 亿元增加到 13556.57 亿元，在 GDP 中的占比也处于不断上升趋势，从 63.58% 增加到 69.36%。产业内部结构不断得到优化，服务业实现稳定发展。同时，有数据资料显示，2012～2016 年广州市第三产业就业人口比例处于上升趋势，从 2012 年的 4048063 人增长到 2016 年的 4800855 人，反映了服务业发展的巨大就业潜力。同期，第三产业固定资产投资从

3151.33 亿元增加到 4950.43 亿元。投资的增加，保证了广州服务业得以持续发展。

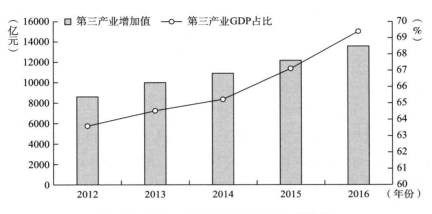

图 3 - 12　2012～2016 年广州第三产业发展指标

图 3 - 13 是广州 2012～2016 年 14 个服务业细分行业的增加值柱状图。传统的批发和零售业是广州服务业的主要支柱产业，且 2012～2016 年一直

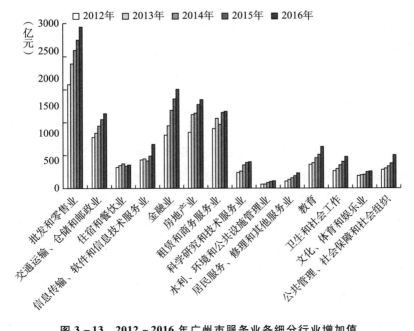

图 3 - 13　2012～2016 年广州市服务业各细分行业增加值

保持较好的增长。第二支柱服务产业是现代服务业中的金融业,是近年来增长速度最快的一个产业。第三是房地产服务业,第四是租赁和商务服务业。现代服务业中比较重要的信息传输、软件和信息技术服务业前几年表现平平,但 2016 年增长明显,成为广州第六大支柱服务产业。总体而言,广州已形成以传统的商贸流通产业(批发零售,交通运输、仓储和邮政业,住宿和餐饮业)为主,现代服务业多点支撑的服务产业体系。

4.1.2 广州现代服务业内部结构

广州现代服务产业的基本情况如表 3–9 所示。在广州四个主要现代服务业类型中,金融业对广州 GDP 的贡献最大,占比 9.26%,信息传输、软件和信息技术产业对 GDP 的贡献最小,只有 4.10%。商务服务业(含租赁)占比 7.19%,而房地产业占比 8.29%。

表 3–9　2016 年广州市现代服务业基本情况

行业 指标	商务服务业 (含租赁)	房地产服务业	金融业	信息传输、软件和 信息技术服务业
增加值(亿元)	1405.24	1620.54	1809.37	801.46
该行业所占 GDP 比重(%)	7.19	8.29	9.26	4.10

(1)金融业

广州拥有发展金融业的良好条件。不仅拥有大量的金融人才储备,还有良好的金融发展环境和庞大的金融服务消费需求,并且是"一行三会"等国家金融管理部门和我国各主要金融机构的区域性总部所在地。

首先,广州商业发达,金融服务需求大。2016 年实现金融业增加值 1809.37 亿元,同比增长 11%,占全市 GDP 的 9.26%,拉动 GDP 增长 1.0 个百分点,成为全市第五大支柱产业。2016 年末全部金融机构本外币各项存款余额 47530.20 亿元,比年初增加 4686.52 亿元。全部金融机构本外币各项贷款余额 29669.82 亿元,增加 2373.66 亿元。

其次,广州金融机构日趋增多,金融资本市场层次日趋丰富,结构渐进完善。2016 年全年新增 700 家风投与私募基金,202 家新三板挂牌企业,

10 家上市公司，7 家法人金融机构；企业直接融资规模和增速居全国前列，企业直接融资余额达 1.35 万亿元，直接融资占社会融资规模的比重达到 52.3%，居全国大城市第一位。

最后，广州市金融服务更加区域化、功能化、专业化和国际化。如广州的金融街、商务服务中心区即 CBD、东二环交通商务区、丽泽金融商务区、金融后台服务区。这些金融功能区的建立和完善，均彰显了生态商务区、金融不夜城、立体交通网、建设广州新高地四大理念，有助于建立广州金融发展的新空间。

（2）房地产服务业

依托房地产业的稳健发展，广州房地产服务业发展良好。房地产业是国民经济的基础性产业，在国民经济中是社会再生产和各种经济活动的载体，是国民经济不可缺少的组成部分。广州是我国最早发展房地产业的城市之一，其房地产业在整个城市经济中占有较大的分量。广州市统计局相关资料显示，2016 年广州房地产开发业完成投资 2540.85 亿元，比上年增长 18.9%，占全年全市固定资产投资比重 48%；商品房销售额为 3193.33 亿元，同比增长 32.2%。房地产服务业作为房地产业的重要组成部分，依托房地产业的稳健发展，近年来增长明显。2012 年，广州房地产服务业增加值达 1022.54 亿元，2016 年达 1620.54 亿元，五年期间以年均 11.6% 的速度快速增长。产业的发展依靠企业的支撑，2014 年广州规模以上房地产服务业企业有 791 家，到 2016 年房地产规模以上服务企业达 913 家，两年间增加了 122 家年主营业务收入 2000 万元以上的服务型企业，广州吸附优质企业资源能力不断提升，助推广州房地产服务业的发展。

（3）商务服务业

商务服务业具有知识密集型、资金密集型和劳动密集型的特征，是典型的"绿色产业"和"智力经济"。作为服务业的重要组成部分，为社会生产提供广告、策划、咨询等专业技术服务，因此，也被称作"企业的外脑"。广州商务服务业近十几年来发展迅速，到 2016 年，广州商务服务业增加值达到 1405.24 亿元，是 2004 年 268.7 亿元的五倍多，占服务业比重为 10.4%，成为服务业中位居第四的行业；随着广州商务服务业的快速发展，其产业规模不断扩大，人才吸附能力也越来越强。截止到 2016 年底，广州商务服务业规模以上企业数达到 2153 家，从业人员数 30 万人。

另外，广州商务服务业的国际化程度高。全球五十大咨询公司就有 35 家进驻广州，世界十大会计师事务所已有 6 家包括世界排名前四的会计师事务所也入驻广州。这些外资企业国际化的管理方式，也带动了广州商务服务业管理水平的提高。

广州商务服务业的发展优势还体现在其发展环境上。根据 2009 年福布斯杂志排名，广州成为世界十五大旅游之都之一、世界八大美食之都之一、世界 500 强总部聚集的第三大城市，加上广州人才、资本和市场的高度聚集，广州市政府的大力扶持，都为广州打造商务服务业中心城市和国际贸易之都奠定了坚实的基础。

（4）信息传输、软件和信息技术服务业

信息传输、软件和信息技术服务业是为满足使用计算机或信息处理的有关需要而提供软件和服务的行业，是一种不消耗自然资源、无公害、附加值高、知识密集的新型行业。广州的信息传输、软件和信息技术服务业近年来保持着较快的发展速度，2016 年其增加值达到 801.46 亿元，比 2015 年的 583.67 亿元增长了 37%，已成长为广州第六大支柱服务产业。

固定资产投资逐年增加，促进了广州信息传输、软件和信息技术服务业的发展。由于该行业是服务业中典型的技术和资金密集型产业，因此固定资产的投入和资本的积累，对其发展至关重要。广州信息传输、计算机服务和软件业借助打造"数字广州""软件之都"的机遇，大力拓展投融资渠道和规模，十年来本行业的固定资产投资不断增加，特别是在"十一五"期间和"十二五"初期，固定资产投资稳步较快增长，截止到 2014 年底，固定资产投资额已达到 162 亿元。

广州信息传输、软件和信息技术服务业的发展，极大地带动了当地的企业发展和人口就业。截止到 2016 年，广州信息传输、软件和信息技术服务业规模以上服务企业达到 912 家，比 2014 年的 708 家多了 204 家，城镇从业人数达到 15 万人。

4.2　现代服务业比较优势分析

4.2.1　服务业总量

在上文中，我们曾对七个城市第三产业的产值进行过比较。通过比较我们发现，北京和上海的服务业以绝对优势领跑其他城市。如图 3 - 3，处于第二梯队的广州表现较好，2016 年以 13556.57 亿元排位第三，是四个服务业产值超过 10000 亿元的城市之一。

由图 3 - 14 可见，2016 年广州的服务业占 GDP 68.60% 的比重，比北京的 80.30% 低约 10%，趋近上海的 70.49%，比深圳的 60.47% 高 8 个百分点。国家工业中心城市天津及成都的服务产业占 GDP 比重在 54% 左右，在服务产业方面相对弱势。总体而言，广州服务产业结构目前较为优化，但仍需继续进行调整，在加快服务业发展的同时也要发展新型工业，实现新型工业和服务业的和谐发展并相互促进。

图 3 - 14　2016 年七大城市服务业产值及占 GDP 比重

4.2.2　现代服务业内部结构

为更好地揭示样本城市现代服务业发展的水平与潜力，必须进一步比较分析相关城市产业的内部结构。就现阶段而言，北京、上海、广州、深圳显然处于我国所谓"一线城市"第一梯队。四城市的金融业，房地产服务业，商务服务业，信息传输、软件和信息技术服务业四大现代服务产业增加值情况如图 3 - 15 所示。

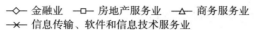
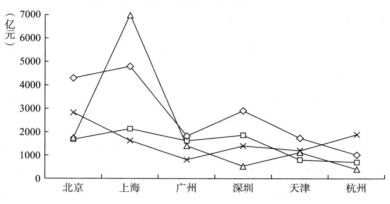

图 3 - 15　2016 年六大城市主要现代服务业增加值

　　对比分析显示：广州在金融业，房地产服务业，商务服务业，信息传输、软件和信息技术服务业与其他三个城市比均没有优势；上海在金融业以及商务服务业优势十分明显；北京在金融和信息传输、计算机服务和软件业占有优势；而深圳除了商务服务业比广州稍有逊色，其他三个产业比广州发展要好。北京、上海和深圳都已经形成自身特色鲜明、优势突出的现代服务产业结构体系，而广州现代服务业仍是多点支撑、均衡发展。未来一段时间，广州应该突出重点，打造适宜本地经济社会发展、特色鲜明的现代服务业产业，培育优势现代服务业。

　　广州与现阶段处于第二梯队的天津、杭州、成都等相比，现代服务业优势明显。由于成都数据缺失不齐全，因此本部分仅对天津和杭州进行比较。由图 3 - 16 得知，广州在金融业、房地产服务业、商务服务业方面优势明显，而在信息传输、软件和信息技术服务业方面，杭州比广州和天津更具有竞争力。总体而言，广州的现代服务业对天津和杭州而言仍是占有相对优势的。

　　通过上文比较，可得到如下结论：广州在四个主要现代服务业领域，与上海和北京具有一定的差距，而深圳的现代服务业发展迅猛，已经超越

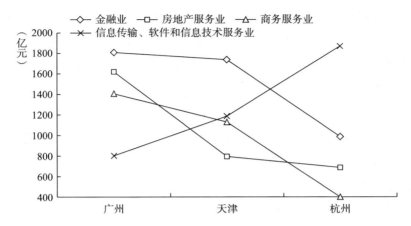

图 3 - 16　2016 年广州、杭州、天津三个城市主要现代服务业增加值

广州占据第三位置，天津和杭州发展与广州仍有一定差距。

4.2.3　配套政策比较

上文通过数据对比，发现广州在现代服务业方面的表现处于中等水平。下文主要对北京、上海、深圳、广州四个城市的城市定位与扶持政策进行比较分析。从政策资源来看，上述四大城市各具特色（见表 3 - 10）。

表 3 - 10　政策资源优势及载体

城市	载体	政策资源优势
北京	全国政治、文化、国际交往、科技创新中心	信息发源地，政府公关资源丰富，全国资本中心，"一行三会"总部驻地，金融决策中心，聚集众多金融机构总部；研发中心云集，人力资源丰富，形成六大高端产业功能区
上海	国际贸易、经济、金融和航运中心	拥有众多国家级高科技园区、经济技术开发区、金融贸易区和保税区
深圳	经济特区，国家自主创新城市、粤港合作示范区	区域性金融中心，国家自主创新城市，设计之都，粤港合作示范区
广州	我国重要中心城市、国际商贸中心和综合交通枢纽	服务业科技发展模式实验区，服务业体制改革创新先行试验区，国家服务业综合改革试点区域

国家对于四城市分别给予不同的定位，差异化定位本身赋予四个城市不同的发展目标。比较而言，广州服务业发展定位清晰，国家扶持政策众多。

广州应深化改革、大胆创新，夯实服务业，特别是生产性服务业的发展基础。广州市应借助统筹城乡综合配套改革和泛珠三角经济合作的契机，积极推进广佛同城化，拓展服务范围，壮大生产性服务业基础。同时，顺应信息技术等高新技术产业发展趋势，重点扶持电子信息、金融、物流、文化创意等生产性服务业的发展，推进传统服务业向现代服务业的转型升级。

当前珠三角经济正处于转型期，粤港澳大湾区战略正有序推进，广州应紧抓历史机遇，发挥原有服务业优势，提质增效，拓展产业发展空间，努力打造亚洲物流中心、区域金融中心、国际化信息港、国际性贸易会展中心、国际性区域总部经济核心区和区域"创意之都"六大中心。

5 产业竞争力

5.1 城市产业竞争力评价指标

如何测算城市产业竞争力，学界意见并不完全一致。本研究主要依据产业结构进行评估。由于各地统计方式和口径存在差异，同时成都和杭州数据不齐全，因此本部分主要基于北京、上海、广州、深圳、天津五个城市的统计数据进行分析。主要评价指标如表 3 – 11 所示。

表 3 – 11　城市产业结构指标

序号	指标名称
1	第三产业增加值（亿元）
2	第三产业 GDP 占比（%）
3	第二产业增加值（亿元）
4	先进制造业增加值（亿元）
5	金融产业增加值（亿元）
6	信息传输、软件和信息技术服务业增加值（亿元）
7	房地产服务业增加值（亿元）
8	商务服务业增加值（亿元）

5.2　样本城市产业竞争力评估

以下计算都是通过 SPSS 软件实现的。首先，我们录入原始数据（见表 3 – 12）。

表 3 – 12　2016 年样本城市产业结构指标原始数据

单位：亿元，%

	第三产业增加值	第三产业 GDP 占比	第二产业增加值	先进制造业增加值	租赁和商务服务业增加值	金融业增加值	房地产服务业增加值	信息传输、软件和信息技术服务业增加值
北京	19995. 30	80. 30	4774. 40	3563. 64	1838. 30	4270. 80	1672. 70	2805. 80
上海	19362. 34	70. 49	7994. 34	6618. 26	1628. 09	4765. 83	2125. 62	1647. 66
广州	13556. 57	68. 60	5925. 87	2436. 11	1405. 24	1809. 37	1620. 54	801. 46
深圳	11785. 88	60. 47	7700. 43	17241. 12	522. 50	2876. 89	1866. 18	1379. 87
天津	9661. 30	54. 00	8003. 87	3807. 41	127. 86	1793. 57	805. 92	1185. 00

我们将原始数据进行标准化处理，得到标准化后的数据（见表 3 – 13）。

表 3 – 13　2016 年样本城市产业结构指标标准化数据

	第三产业增加值	第三产业 GDP 占比	第二产业增加值	先进制造业增加值	租赁和商务服务业增加值	金融业增加值	房地产服务业增加值	信息传输、软件和信息技术服务业增加值
北京	1. 11254	1. 34774	– 1. 44243	– 0. 52197	1. 04580	0. 84879	0. 11002	1. 63482
上海	0. 97508	0. 37041	0. 76360	– 0. 01895	0. 63404	1. 20868	1. 02425	0. 11019
广州	– 0. 28572	0. 18212	– 0. 65354	– 0. 70765	0. 19753	– 0. 94069	0. 00474	– 1. 00379
深圳	– 0. 67025	– 0. 62784	0. 56224	1. 73039	– 1. 53157	– 0. 16460	0. 50057	– 0. 24234
天津	– 1. 13164	– 1. 27242	0. 77013	– 0. 48183	– 0. 34580	– 0. 95218	– 1. 63958	– 0. 49888

对标准化后的数据进行因子分析（见表 3 – 14）。

表 3 – 14 解释总方差

成分	初始特征值			提取平方和载入		
	合计	方差的 %	累积 %	合计	方差的 %	累积 %
1	4.705	58.817	58.817	4.705	58.817	58.817
2	1.974	24.669	83.486	1.974	24.669	83.486
3	.714	8.920	92.406			
4	.608	7.594	100.000			
5	1.283E – 16	1.604E – 15	100.000			
6	1.097E – 17	1.371E – 16	100.000			
7	– 1.425E – 16	– 1.781E – 15	100.000			
8	– 1.560E – 16	– 1.950E – 15	100.000			

由表 3 – 14 可见,前两个因子已经可以解释 83.486% 的方差,这表明前两个主成分承载了最初 8 个指标 83.486% 的有效信息,故这两个主成分可以被用来代表最初的 8 个指标。

利用表 3 – 15 主成分矩阵表,可计算得出表 3 – 16 特征向量矩阵。

表 3 – 15 主成分矩阵

	成分	
	1	2
第三产业增加值	.974	.159
第三产业 GDP 占比	.968	– .030
第二产业增加值	– .656	.442
先进制造业增加值	– .350	.880
金融产业增加值	.830	– .461
信息传输、软件和信息技术服务业增加值	.805	.493
房地产服务业增加值	.540	.716
商务服务业增加值	.798	.089

表 3 – 16 特征向量矩阵

指标	Z_1	Z_2
第三产业增加值（X_1）	0.448909589	0.113333218
第三产业 GDP 占比（X_2）	0.446419329	– 0.02138856

指标	Z_1	Z_2
第二产业增加值（X_3）	-0.3025076	0.314924899
先进制造业增加值（X_4）	-0.161370483	0.626344549
金融产业增加值（X_5）	0.382813023	-0.328042176
信息传输、软件和信息技术服务业增加值（X_6）	0.371224005	0.351159957
房地产服务业增加值（X_7）	0.248785	0.509908
商务服务业增加值（X_8）	0.36806	0.063509

其中，Z_1 为第一特征向量，Z_2 为第二特征向量。根据特征向量矩阵表可以得到主成分的表达式：

$$Y_1 = 0.449X_1 + 0.446X_2 - 0.303X_3 - 0.161X_4 + 0.383X_5 + 0.371X_6 + 0.249X_7 + 0.368X_8$$

$$Y_2 = 0.113X_1 - 0.021X_2 + 0.315X_3 + 0.626X_4 - 0.328X_5 + 0.351X_6 + 0.510X_7 + 0.064X_8$$

根据综合得分的计算公式对两个主成分进行加权综合得分，最终得出表 3 - 17 中的得分排名。

表 3 - 17　2016 年五大城市产业结构竞争力综合得分排名

城市	综合得分	排名
北京	1.921581323	1
上海	1.277709911	2
广州	-0.602936347	3
深圳	-0.600847267	4
天津	-1.995501755	5

就表 3 - 17 所呈现的 2016 年五个城市产业结构综合得分及排名而言，北京以绝对优势排在第一，上海位居第二，广州排位第三，深圳和天津紧随其后。在产业结构竞争方面，广州相比北京与上海仍有较大差距，与深圳得分非常相近，而天津与广州和深圳仍有一段竞争力差距。

以上是 2016 年各大城市的产业结构竞争排名。下面我们通过同样的 SPSS 数据分析方法对 2012 - 2016 年五个城市的产业结构竞争力进行评价排序，结果如图 3 – 17。

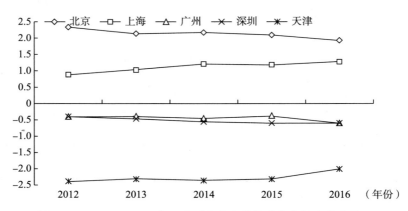

图 3 – 17　2012 ~ 2016 年五大城市产业结构竞争力综合得分情况

数据显示，2012 – 2016 年五大城市的产业结构竞争力整体呈现三个梯度，分别是得分处于 1 至 2 区间的北京和上海，处于 0 到 – 1 区间的广州和深圳，以及低于 – 2 的天津。北京城市产业结构竞争力综合得分整体表现平稳，是唯一一个城市产业结构竞争力综合得分保持在 1.5 分以上的城市，未来一段时间内其他城市都难以对其领跑地位产生威胁作用。上海城市产业结构竞争力综合得分逐年递增，与北京的差距逐渐缩小。广州和深圳得分相近，广州以微弱优势排在第三位，而天津排名第五，与另外四个城市的产业结构竞争力相比仍有很大的差距。

总体而言，广州的产业结构竞争力在可对比分析的五个城市中排位第三，排在北京、上海之后，深圳、天津之前。广州要保持已有的竞争力水平，同时不断提升产业结构竞争力，就需要加大政策扶持力度，充分调动各方资源，会集人才，升级产业，加强高新技术产业、现代服务业方面的投资建设，以创新为驱动力，大力发展广州经济。

6　结论

广州产业结构竞争力综合排名第三。在高新技术产业方面，对比高新技术产业迅速增长的上海、深圳等城市，广州的高新技术产业发展动力不足，高端企业集聚度低，支柱产业实力较弱。在服务业方面，对比北京、上海、深圳已形成的技术型、知识型的支柱性现代服务业产业结构体系，广州的服务业仍主要以技术层次较低的流通业为主，技术、知识密集型的现代服务业比重不高，即使在最具优势的商贸领域，也存在外资巨头主导、本土商业航母偏少等问题。

第四章 营商环境

1 指标设计

1.1 研究问题

广州，作为中国的改革开放前沿城市，长期号称中国"第三城"，社会上也有北上广深一线城市的说法。在 2010 年之前，广州无论是经济总量，还是居民消费能力都名列国内前茅，一线城市的地位基本无法撼动。而随着各地经济社会的快速发展，近年来出现了诸如天津、杭州、成都等区域性中心城市，广州原先鹤立鸡群式的发展态势被打破。尤其是近年来广州的房价持续落后于国内很多城市，引起了社会各界对于广州定位的质疑。客观来说，房价即是经济社会发展水平的体现。

1.2 研究背景

"两个一百年"奋斗目标，历史地交汇在党的十九大到二十大期间。中国特色社会主义进入新时代的历史关键期，重要关口常常决定事业走向。党的十九大报告提出，从现在到 2020 年全面建设成小康社会，实现第一个百年奋斗目标；在此基础上，再奋斗 15 年，在 2035 年基本实现社会主义现代化；从 2035 年到 21 世纪中叶，在基本实现现代化的基础上，再奋斗 15 年，把我国建成富强、民主、文明、和谐、美丽的社会主义现代化强国。"两步走"全面建设社会主义现代化国家的新目标，是基于我们党对社会主义现代化目标的全面认识和实践总结，是对中国未来发展的全新愿景展望，是描绘制定的我国社会主义现代化建设的精准路线图和时间表，是党的十九大报告的重中之重。

营商环境是市场主体从事生产经营或贸易活动，在遵循政策制度和行为准则等方面所需要的时间和成本等条件和因素，既包括物质因素，也包括非物质因素。营商环境是一个国家或地区有效开展国际交流与合作、增强地区竞争力的重要依托和实力体现。改革创新体制机制，进一步优化营商环境，是建设现代化经济体系、促进高质量发展的重要基础。对标党的十九大所提出的新目标和主要任务，努力营造稳定、公平、透明、可预期的营商环境，不仅能给各类市场主体吃上"定心丸"，更会为中国经济转型升级和持续发展提供有力支撑，为谱写新时代中国特色社会主义的壮丽篇章添上浓墨重彩的一笔。

一个地方营商环境的好坏，往往关系当地能否顺利招来投资项目，关系企业家是否愿意一心一意地在当地谋发展，关系市场主体活力能否充分释放，最终也会成为影响一个地方经济发展活力和发展质量的重要因素。尤其对于处在创业初期的企业而言，优质的营商环境能为其投资创业提供便利条件。世界银行发布的一项报告表明，良好的营商环境会使投资率增长 0.3 个百分点，GDP 增长率增加 0.36 个百分点。显然，优越的营商环境质量能够推动大众创业万众创新，打造经济新引擎。2018 年政府工作报告指出，优化营商环境就是解放生产力、提高竞争力，要破障碍、去烦苛、筑坦途，为市场主体添活力，为人民群众增便利。因此，一个城市要保持竞争力，就必须加大力度改善营商环境，降低市场运营成本，提高运行效率。

交通邮电是评价营商环境最重要的一部分。一个城市的交通最能体现一个城市的发展地位，过去曾流行一句话"要致富，先修路"，可见，交通是可以决定一个城市经济发展的重要因素。而我们通过调研广州市的交通来间接调研广州经济的发展状况，来判断广州是否退出一线城市。如果广州退出的话就说明广州经济发展滞缓，而这份报告也能恰到好处地给广州市政府一个很好的启示，同时可以发现广州发展的方向，对城市交通系统优化提出见解，等等。如果没有退出，说明广州仍保有竞争力，而广州的城市竞争力又在哪，这将又是一个新的调研方向。

《广州市国民经济和社会发展第十三个五年规划纲要（2016～2020年)》提出要建设国际航运中心、物流中心、国际贸易中心和现代金融服务体系，深化区域合作、服务全省带动泛珠，深度参与全球竞合、建设"一带一路"枢纽。建造国际航运枢纽、国际航空枢纽是为了完善高效便捷的交通体系，进一步强化广州作为国际城市的功能，这意味着广州将向建设国际化水平城市的目标进发。交通是经济发展的先行官，在城市的发展当中起着不可或缺的作用，交通的发展加强了城市与区域的联系，进一步推动城市的发展。交通的变迁与经济社会的发展是紧密联系的，产业形态的变化决定了运输需求的变化，运输需求的变化又直接影响运输方式组合的选择。不仅如此，交通更是连接城市的重要纽带，是为城市发展运送人才、物流的重要通道，作为城市发展的主要动力，交通对生产要素的流动、城镇体系的规划有着决定性的影响。我们不能否认，把广州与北京、上海并列成为国际性综合交通枢纽，是对广州城市定位的大提升，在国家战略布局中，广州重要性凸显。从中可知，交通对于广州而言是一个契机，在建设交通的同时，能够吸引更多的企业、人才落户广州，扎根广州，广州也会因此而将迎来更多的机会。因此我们通过对广州交通现况进行剖析，基于交通视角评析广州的地位。

1.3　营商环境指标体系

为系统地评估广州的营商环境，本部分将根据企业生命周期理论，从企业生存环境的各方面分析，根据实际可获信息，从交通邮电、市场环境、企业发展环境、国际化环境、法治环境五个方面建立合理的指标体系对其进行评估。本章节将结合我国主要城市的营商环境建设情况，建立如表4-1所示的指标体系，明晰广州在全国营商环境中的定位和发展的优劣势，在此基础上寻求提升广州营商环境水平的途径。

表 4 – 1　营商环境指标设计

要素层			指标层
交通邮电	陆运	公共交通	公交车站点数（个）
			公交车路线数量（条）
			公交站点覆盖率（%）
			地铁单日客流记录（万人次）
			出租车（辆）
			客运站大巴线路（条）
		铁路	铁路线路延伸度
			铁路货物周转量（亿吨公里）
			客运周转量（亿人公里）
			高铁延伸度
			城市铁路客运量（万人次）
			城市铁路货运量（万吨）
			城市铁路货物周转量（万吨公里）
			城市铁路旅客周转量（亿人公里）
		公路	城市公路客运量（万人次）
			城市公路货运量（万吨）
			城市公路货运周转量（亿吨公里）
			城市公路旅客周转量（亿人公里）
	海运	港口吞吐量	货物周转量（亿吨公里）
			集装箱数量（万箱）
	空运		航线条数（条）
			航班班数（班）
			国际航线占比
			国际航班占比
			旅客周转量（万人次）
			客运量（万人次）
			货运量（万吨）
			货物周转率
	邮电		邮政业务总量（万元）
			电信业务总量（万元）
			互联网业务总量（万元）

续表

要素层	指标层
市场环境	工资：在岗职工平均工资（元）
	房地产价格：商品房平均销售价格（元/平方米）
	原材料价格：工业生产者购进价格指数（以上年为100）
	私营工业企业单位数（个）
	私营工业企业资产总计（亿元）
	私营工业企业负债合计（亿元）
	私营工业企业主营业务收入（亿元）
	私营工业企业利润总额（亿元）
	城镇私营企业和个体就业人员（万人）
	内资企业数（个）
	内资企业工业总产值（万元）
	规模以上工业企业数（1999~2008年为限额以上工业企业，个）
	规模以上工业总产值（1999~2008年为限额以上工业企业，万元）
	本年应交增值税（万元）
	利润总额（万元）
	流动资产合计（万元）
	固定资产合计（万元）
	主营业务税金及附加（万元）
企业发展环境	批发和零售业商品销售总额
	地方财政国内增值税（亿元）
	地方财政营业税（亿元）
	地方财政企业所得税（亿元）
	全社会固定资产投资（亿元）
	年末上市公司（家）
国际化环境	对外经济合作合同额（亿美元）
	外商直接投资金额（亿美元）
法治环境	金融纠纷案件（件）
	涉外涉港澳台纠纷案件（件）
	民商事案件（件）
	劳动合同纠纷案件（件）

2　营商环境概况

近年来，广州市营商环境进一步改善优化，并着力打造市场化、法治化、国际化营商环境，不断提升投资贸易便利化水平。如 2017 年出台并实施了《广州市降低实体经济企业成本实施方案》《广州市物流业降本增效专项行动方案》等系列政策，实现全年为企业减负超过 800 亿元。广州市深入推进供给侧结构性改革，坚持为企业降压增效，激发企业活力，市场活力进一步得到释放。再者，广州市坚持寻找新的营商突破口，通过"新发展"创造"新机遇"，通过产业和人才集聚的战略为各类型企业来穗发展打造有利的营商环境。目前，国家所制定的粤港澳大湾区发展规划，计划将粤港澳大湾区打造成为继纽约、旧金山、东京湾区之后的第四个世界级湾区，成为国家建设世界级城市群和参与全球竞争的重要空间载体。广州市作为粤港澳大湾区的重要参与城市，其可预期营商环境正愈加明朗，市场容量和发展前景也日益受到全国乃至世界的青睐。除了大力建设具有全球竞争力的空间载体外，广州的产业和人才聚集能力也不断提高。当前，广州正通过实施 IAB 计划，着力发展新一代信息技术、人工智能、生物医药产业，目前已设立了 100 亿元的人工智能产业基金，极大力度地吸引着产业和人才集聚。如今，思科智慧城、通用电气（GE）国际生物园、富士康、中远海运散货运输全国总部等一批枢纽型、创新型项目纷纷落户广州。可见，广州正通过多方面、立体化的改革创新途径驱动城市发展。

广州的营商环境也日益受到认可。在粤港澳大湾区研究院发布的《2017 年中国城市营商环境报告》中，广州位居榜首，北京、深圳、上海、重庆紧随其后。在该报告的城市营商环境指数中，软环境所占权重最大，而广州的软环境指数全国第一，可见广州的软环境建设成效显著。另外，华南美国商会发布的《2018 年中国营商环境白皮书》及《2018 年华南地区经济情况特别报告》中，广州荣登中国大陆最受欢迎投资城市榜首。作为"千年商都"，广州与时俱进地发展市场经济，增强城市包容性，降低营商成本，并凭借独特的区域优势五度（2010~2011，2013~2015）被福布斯评为"中国大陆最佳商业城市"第一名。广州还先后多次在福布斯中国大陆最佳商业城市排行榜、中国机遇之城等国际权威榜单中居首。广州的营商环境不仅吸引了国内企业前来扎根发展，也越来越受到国外企业关注，广州已成为最受国际投资者青睐的中国城市之一。

3 交通邮电

交通运输、邮政通信是城市经济的先行者，是现代社会科技进步的标志，是经济与社会发展的重要纽带，是保障人民生活和社会全面发展的基础设施。交通的辐射网络，将各中心区域、中心城市贯穿在一起，能够带动起周边的经济发展，同时也可以以城际间经济活动为主体，盘活更大范围内的商业往来，甚至是资源的调配。邮政通信在技术进步的促进下，使互联网的覆盖广度得以扩展，提高信息传递速度与效率，加上快递业的崛起与平民化，这些都改善了大众的消费方式，从而创造更多的职业与类别。因此，交通辐射网络是经济要素在区域上的载体，对城市未来的竞争力和吸引力有着深远的影响。交通邮电是评价营商环境不可或缺的一部分，有必要从交通邮电这一角度出发，来探究广州的营商环境。

3.1 交通现状分析

广州土地面积 7434.40 平方公里，常住人口密度 1889 人/平方公里。广州地区划分为越秀、海珠、荔湾、天河、白云、黄埔、南沙、番禺、花都、从化、增城 11 个市辖区。在广州市划分的 11 个市辖区里，越秀、海珠、荔湾、天河、白云这 5 区被视为核心区域，属于重要的交通道路，是连接其他各区的中枢之地，交通的便捷性、通达性能够有效带动各地区的经济活动、商贸往来。

改革开放以来，经过 40 年的努力，目前广州交通格局已基本形成，构建出以国际航空、国际航运、全国四大铁路枢纽组成的城市对外交通和公共汽车、出租车以及轨道交通组成的城市公共交通为运输方式的现代综合交通运输体系主骨架。广州综合交通运输体系对外辐射、引领水平不断提升,始终发挥着一线中心城市对外辐射的龙头作用,辐射水平领先全国,在适应广州社会经济发展需要的同时不断为周边城市提供保障。

3.1.1 陆运情况

广州市陆运运输交通体系,主要包含 960 条高速、1042 条一级公路、915 条二级公路形成的骨干交通网,以及 1462 条三级公路、4013 条四级公路组成的次要交通网,另外还有 30 个城市出入口、3003 座桥梁等形成的城市道路系统。

(1)铁路运输

广州铁路枢纽作为全国四大铁路客运枢纽之一和华南地区最大的铁路枢纽,是"一带一路"发展的重点地区,通过强化铁路枢纽功能,对接国家战略,积极完善以广州为中心的高铁网络,打造国家高铁枢纽中心。目前铁路已接入京广复线、广茂线、广梅汕线、广深线等 9 条干线铁路,构成四通八达的铁路网络。对内方面,广州正在打通面向大西南、长三角、京津冀的陆路大通道。铁路方面,2016 年全年铁路货物周转量为 218742 万吨公里,客运量达 11703 万人次。

从图 4 - 1 中可看出 2007 ~ 2016 年铁路货物量和客运量呈现两种不同的局面。广州铁路客运量不断创新高,从 2007 年的 7588 万人次增长至 2016 年的 14348 万人次,而铁路货运量却不断萎缩,从 2007 年的 7013 万吨降到 2016 年的 4884 万吨。随着经济快速发展,旅客出门选择的交通工具类别多样化了,铁路理应有所影响,客运量应该有所下降,但是铁路客运量仍能保持稳定的增长,这说明铁路随着社会发展,通过不断深化改革,加强基础设施建设,提升服务水平,建设出强大的铁路网络,并且完善沿线铁路接驳方式,从而提高自身竞争力,成为游客更愿意选择的出行方式。广州作为华南地区最大铁路枢纽,时刻发挥中心城市的辐射力,吸引着大量游客。

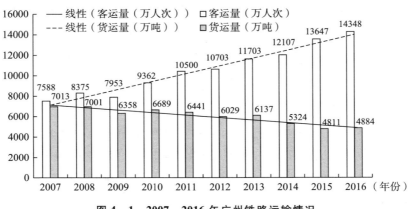

图 4-1　2007～2016 年广州铁路运输情况

相反地，货运量下降则是其他原因导致的。其一，货物运输结构调整，原本运用铁路运输的原材料要么直接在原产地加工制造，要么通过航运将原材料运到目的地。其二，电力建设、电网覆盖以及管道输送的普及，曾经通过使用煤炭发电、发热的企业逐渐进行产业转移，在供给侧改革的推动下，发电企业通过特高压线将电量从远处传输到目的地。根据广州电力交易所发布的《2017 年南方区域跨区跨省交易情况通报》显示，2017 年西电东送电量 2028 亿千瓦时，同比增长 3.85%。

铁路是国民经济大动脉和关键基础设施，加快推进铁路建设，既利当前，又利长远，对稳增长、调结构、惠民生具有重要意义。铁路是连接各大经济区域之间、城乡之间的大动脉，加快铁路基础设施建设，有利于促进区域、城乡协调发展。四通八达的铁路网将无论是经济发达中心还是贫穷偏远的小山区连接在一起，形成了庞大的共同体，人才、资金、原材料往枢纽中心集聚，然后再向周边地区辐射，带动周边城市、地区经济发展起来。

由表 4-2、图 4-2 可知，整体上，列举的七座城市铁路客运量大幅度增长，其中广州、北京的铁路客运量领先于其他城市同处第一梯队，并且广州客运量稍微高于北京，上海于 2016 年突破了 10000 万人次大关处于第二梯队，但与广州、北京存在一定的差距。而深圳、杭州、重庆、天津这四座城市的铁路客运量起点低且处于同一水平均为第三梯队，随着五年铁路运输发展，起步最低的深圳的铁路客运量逐渐超越其他三座城市，杭州紧随其后发展，重庆、天津发展仍有待提高。

表 4 – 2　2012～2016 年样本城市铁路客运量

单位：万人次

城市	2012 年	2013 年	2014 年	2015 年	2016 年
北京	10315	11588	12609	12821	13380
上海	6758	7972	9194	9692	10609
深圳	2479	2595	4744	5532	6616
杭州	3112	3717	4689	5282	6053
重庆	3040	3251	4057	3994	4911
广州	10703	11703	12107	13647	14348
天津	2970	3352	3686	4054	4543

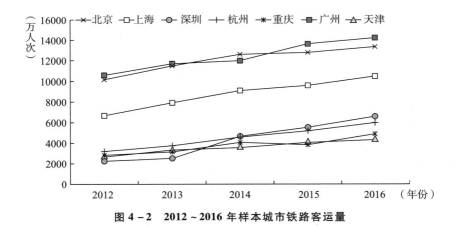

图 4 – 2　2012～2016 年样本城市铁路客运量

由表 4 – 3、图 4 – 3 可知，整体上铁路货运量呈平缓下降趋势，铁路货运量不断萎缩，其中天津货运量位列所有城市第一位，并且前三年实现高增长，在 2014 年达到峰值 8872 万吨，往后有所回落，但仍远高于其他城市。相反广州，其货运量不断下滑，短短五年间，从 2012 年的 6029 万吨下降至 2016 年的 4884 万吨，减少了 1145 万吨，而其余城市重庆、北京、上海、深圳、杭州虽然同样有所下滑，但基数少导致减少量也较少。铁路货运量曾经被喻为中国经济的"晴雨表"。由于我国经济结构中重工业占比较高, 对大宗物资运输依赖较大, 再加上我国工业企业大部分位于东部地区, 而能源原材料集中于西部, 工业企业生产规模扩大时, 也会带动铁路货运量增加, 因而铁路货运量的变化代表着重工业的发展变化, 同时也影响经济走势变化。广州铁路货运量不断降低反映出经济压力较大, 重工业在推进产业结构优化的道路上面临着很大的困难。

表 4 – 3   2012 ~ 2016 年样本城市铁路货运量

单位: 万吨

城市	2012 年	2013 年	2014 年	2015 年	2016 年
北京	1232	1078	1132	1004	725
上海	825	694	549	471	461
深圳	401	391	123	67	72
杭州	322	284	312	307	274
重庆	2241	2337	1952	1756	1789
广州	6029	6137	5324	4811	4884
天津	7909	8446	8872	8377	8149

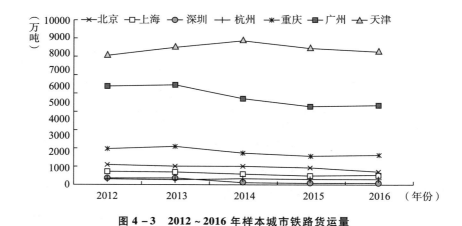

图 4 – 3   2012 ~ 2016 年样本城市铁路货运量

由表 4 – 4、图 4 – 4 可知, 整体货物周转量呈下滑趋势, 北京与广州的货物周转量下滑情况最为严重, 在国家大力推进供给侧结构性改革的政策下, 作为运输原材料的主要交通工具铁路受到了很大影响。

表 4 - 4　2012～2016 年样本城市铁路货物周转量

单位：亿吨公里

城市	2012 年	2013 年	2014 年	2015 年	2016 年
北京	307.61	323.18	284.36	224.75	229.04
上海	18	14	12	11	10
深圳	2.16	2.04	1.1	0.67	0.67
重庆	174.63	175.3	157.98	153.24	151.23
广州	224.21	218.72	190.32	177.52	174.82
天津	287	273	265	225.79	207.36

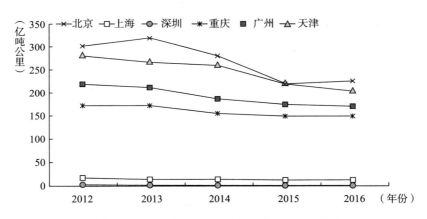

图 4 - 4　2012～2016 年样本城市铁路货物周转量

由表 4 -5、图 4 -5 可知，广州的铁路旅客运输量几乎保持平稳增长，从 2012 年的 407.77 亿人公里增长至 2016 年的 453.22 亿人公里，平均每年增长 2.7%，而深圳的铁路旅客运输发展则较为迅猛，从 2012 年的 33.33 亿人公里增长到 2016 年的 201.51 亿人公里，超越了天津，五年里平均每年增长率为 56.8%，排名第二，而天津、北京增长速度相似，二者都在曲折波动缓慢增长，而天津的铁路旅客运输量稍微高于北京，上海铁路旅客运输量远远不及前几个城市，发展也较为缓慢，存在着提升、优化的空间。

表 4 − 5 2012 ~ 2016 年样本城市铁路旅客运输量

单位：亿人公里

城市	2012 年	2013 年	2014 年	2015 年	2016 年
北京	116.38	117.96	135.63	149.31	150.82
上海	68.38	75.26	84.46	88.95	98.73
深圳	33.33	35.33	138.62	177.51	201.51
广州	407.77	445.79	458.36	450.87	453.22
天津	163.99	178.26	164.12	170.47	183.51

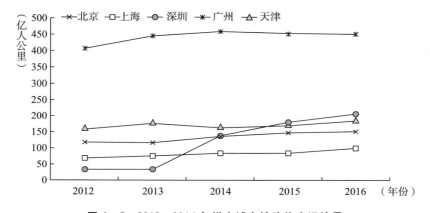

图 4 − 5 2012 ~ 2016 年样本城市铁路旅客运输量

（2）公路运输

作为全国公路运输网络的重要节点和华南地区公路的主枢纽，广州市已开通的广河、广深沿江、派街、增从、广乐、肇花、广明、大广、广中江 9 条高速公路，加强了广州与粤西、粤北之间的快速联系，打通了国家高速公路网的南北大通道，带动广东贫穷市级地区经济发展，助力解决全面建设小康问题。至 2015 年末全市公路通车总里程 9336 公里（其中高速公路为 960 公里），全市已基本形成"二环 + 十五线"高速公路的主骨架网络。

由图 4 − 6 可知，公路客运量从 2012 年的 58875 万人次增至 2016 年的 91323 万人次，增长率为 55.1%，公路运输在整个交通运输系统中占主导地位；而货运量从 2012 年的 52697 万吨增至 2016 年的 76375 万吨，增长率为

44.9%，更多公路的开通缩短了城市与城市之间到达所需的时间，推动公路运输更加高效快捷，从而才会出现公路货物运输量持续稳步增长的局面。

图4-6 2012~2016年广州市公路运输变化

城市道路方面，由于洲头咀隧道、同德围南北高架路、金沙洲大桥拓宽以及花城大道东延线（首期）等一批市政路桥工程的完成，城市道路网络系统和网络结构得到进一步完善，推动快速路、主干路、次干路和支路的等级配置，以及老城区道路、背街小巷道路的建设改造，提升路网密度；加强信息共享融合，进一步整合和共享城市规划、道路设施、交通运输、车辆管理等信息资源，这对缓解城市交通压力起到积极作用，有效解决了交通拥堵的问题。

由表4-6、图4-7可知，2016年的数据，广州公路客运量持续领先于

表4-6 2012~2016年样本城市公路客运量

单位：万人次

年份 城市	2012	2013	2014	2015	2016
北京	132333	52481	52354	49931	48040
上海	3748	3720	3754	3766	3402
深圳	179369	5986	6370	6043	5585
广州	58875	70815	78690	85109	91323
天津	24483	24980	14530	14218	13741

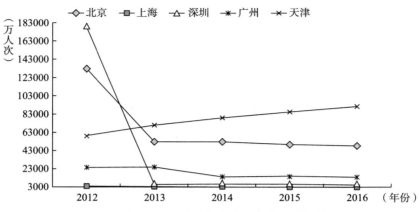

图4-7　2012~2016年样本城市公路客运量

注：统计年鉴从2013年开始修改了公路客运量、公路旅客周转量统计范围，因而与其他城市比较相冲突，不具备可比性。

其他城市，并且五年里保持平均每年13.8%的增长率，排在第二的北京客运量则是逐年在减少，排名第三的天津同样遭遇相同的困境，而原本公路客运量较低的上海和深圳在这五年里的发展也是不断萎缩，这反映出通过公路运输连接两座城市人才的方式在不断地转变，除了公路将会有更多的方式来实现。

由表4-7、图4-8可知，广州公路货运量连续五年保持高增长，从2012年的5.3亿吨增长至2016年的7.6亿吨，排于第一位，除了上海的公路货运量不断萎缩，在2016年跌破4亿吨的水平线，北京同样遭遇相同状况，货运量在2016年降到不足2亿吨，深圳和天津发展虽有所停滞，但是仍然以增长为主。

表4-7　2012~2016年样本城市公路货运量

单位：万吨

城市＼年份	2012	2013	2014	2015	2016
北京	24925	24651	25416	19044	19972
上海	42911	43809	42848	40627	39055
深圳	23639	20071	20990	23272	23787

续表

年份 城市	2012	2013	2014	2015	2016
广州	52697	59142	66040	71284	76375
天津	28228	31985	31130	33724	32841

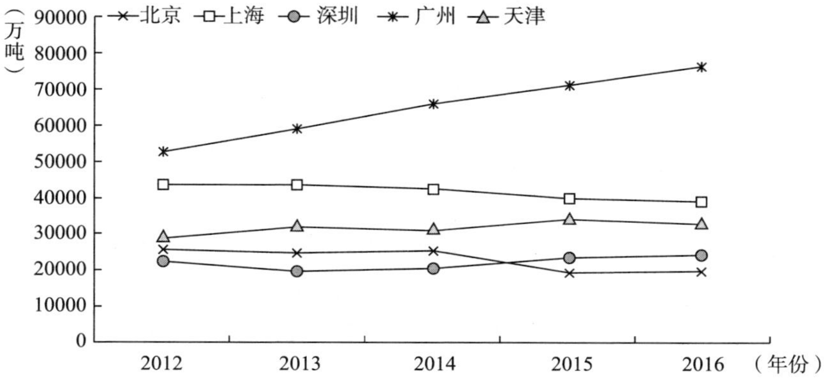

图 4 - 8　2012 ~ 2016 年样本城市公路货运量

无论是货运量还是客运量，广州都是高增长且排于第一位的，而其他城市则与广州存在着一定差距，公路的建设会影响不同程度的辐射力度。其他城市在公路建设上仍有极大的进步空间。

（3）高铁

高铁被誉为 20 世纪后期最具革命性的交通工具，其已引起人们出行方式的重大改变。高铁平均运行速度达到陆上交通最高水平，在 200 ~ 1000 公里或以上的运输里程范围内拥有极大优势。与公路运输相比，高铁不仅有着相对快捷、舒适的优势，而且承载容量大，与其他运输方式形成互补关系。近年来，广州大力投入高铁方面的建设并取得了一定的成效（见图 4 - 9）。广铁集团运用大数据、云计算、人工智能、新能源等技术，打造"广州南站智慧生活圈服务平台"，建设智慧化、共享型便捷交通接驳体系，提升旅客出行体验。

广州南站枢纽呈放射性向外延伸，北接京广高铁，途经长沙、武汉、石家庄、北京，西接贵广高铁、南广高铁、广佛城际西环铁路途经

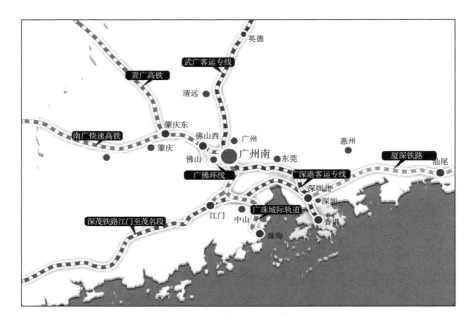

图4-9 广州高铁通达状况

桂林、南宁，南接广深港客运专线、广珠城际铁路，终点达香港，东接
广莞惠城际铁路、广佛城际东环铁路，高速铁路和城际铁路均设置在地
面。接入枢纽的轨道交通线路有广州地铁2号线、7号线、18号线及佛
山轨道交通2号线，轨道均设置在地下，交通方便顺畅，接驳广州市及
周边地区。

广州高铁面朝大西南通道拓展，随着贵广高铁的开通，广州将沿线
的广西、贵州拉进了泛珠江三角洲经济圈发展之内，促进内陆省份承接
广州及周边地区产业转移，带动内陆城市经济发展，交通愈加便捷快
速，中心城市的资源流动速度更快。除此之外，广州作为改革开放的前
沿阵地，改革开放40年，为内陆城市积累了丰富经验，帮助内陆城市
通过广州这一国际枢纽的中心城市引进"一带一路"发展倡议中。两地
的合作交流，将会为发达地区和欠发达地区合作探索新路径、积累新
经验。

高铁的发展，缩短了城市与城市的到达时间，打破了城市间的壁垒，

对城市与外界沟通的促进不言而喻。对广州而言，作为特大城市因自身承载超负荷，产业与人口面临疏解和迁移，周边城市承接外溢，高铁的搭建无疑促进了城市的协同发展。广州借助高铁网络拓展经济版图，推动高铁相关资源在广州的集聚与整合，然后向沿线节点城市进行相关产业及技术输出，参与当地高铁商圈、高铁新城、高铁物流园等重大项目建设，打造"高铁经济"。

（4）公共交通

广州作为中国"南大门"，华南地区的中心城市，可谓珠江三角洲的客运总枢纽。在高铁开通的依托下，通过铁路运输补足，广州城市与珠三角的交通联系正在日益加强，为广州发展提供源源活力。轨道（含国铁、城际、地铁等）是支撑广州建设国家中心城市、公交都市的战略性交通网络。在公共交通方面，据广州市交通局公布的数据，广州公共汽车站点数共25842个，拥有1167条公共汽车路线，营运线路长度20612公里。广州市城市轨道交通共13条地铁路线，营运线路长度316公里，总长390.5公里，共205座车站，列车运行图兑现率、正点率分别达到99.98%、99.96%。地铁线网2016年全年安全运送乘客25.7亿人次，客流强度居全国首位，日均客运量达702万人次，单日最高客运量近900万人次。出租车车辆数为54621辆，同比上年下降13.9%，随着滴滴打车等网络专车业务的兴起，很大程度影响了出租车的发展，导致出租车车辆数不断缩减。轮渡全年客运量1705万人次，同比上年下降17.1%，营运线路14条。随着其他现代化公共交通工具的普及、一座座现代化桥梁横跨珠江两岸，轮渡曾经作为广州人十分重要的交通工具已经转型为观光水上巴士。完整的公共交通系统为广大人民群众提供"舒适、快捷、经济"的乘车条件，极大地方便了人民群众的出行。

由图4-10、图4-11可知，在广州公共交通系统结构中，公共汽车载客量一直处于主导地位，仍然是市民出行工具的主要选择，承担了城市公共交通运输中的大部分工作，但是随着轨道交通全面覆盖广州市，"快捷、准时、舒适、高效"使地铁逐渐成为市民出门的首选，出租车受其他网络专车业务影响，因而公共汽车占公共交通运输比重逐年下降，轨道交通客运量占公共交通比重逐年攀升，出租车占比不断下降。

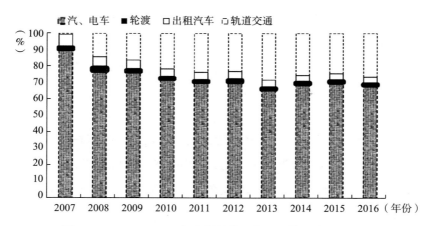

图 4 – 10　2007～2016 年广州公共运输工具载客座位数占比

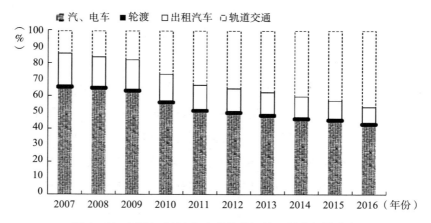

图 4 – 11　2007～2016 年广州公共运输工具客运量占比

根据表 4 – 8、图 4 – 12 可知，上海的公共汽车线路数最多，其次为广州，然后是深圳，再是北京，而天津则为最少的一座城市。在一座城市里，人们每天都需要上班、下班，最离不开的是交通工具，公共汽车作为城市公共运输的首要工具，意味着城市里的道路通畅时常是由它来决定的。公共汽车线路数越多代表着公共汽车覆盖率越高，是对城市里交通便捷度的体现。上海作为国际大都市，便捷度最高顺理成章，广州排第二说明广州也具备良好的交通运输条件。

表 4 - 8　2012～2016 年样本城市公共汽车线路数

单位：条

年份 城市	2012	2013	2014	2015	2016
北京	779	813	877	876	876
上海	1257	1338	1377	1429	1457
深圳	854	881	886	903	976
广州	937	999	1116	1143	1167
天津	536	566	657	707	763

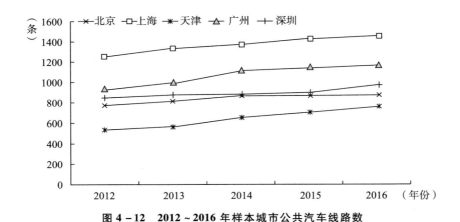

图 4 - 12　2012～2016 年样本城市公共汽车线路数

　　社会现代化进步的发展，轨道交通在城市公共交通中承担着重要的作用，轨道交通建设在地下，因而不会出现塞车拥堵的情况，因而成为上班族的首选。由表 4 - 9、图 4 - 13 可知，在 2016 年，北京的轨道交通网络最为发达，共有 19 条线路覆盖全市，而上海从 2013 年开始保持 15 条线路不变居于第二，广州几乎每年增加一条线路排第三，深圳的轨道交通发展这两年具有重大突破，2016 年新增加了 3 条线路的开通，天津则只有 5 条线路，仍然有着很大的发展空间。

表 4 - 9   2012 ~ 2016 年样本城市轨道交通线路数

单位：条

年份 城市	2012	2013	2014	2015	2016
北京	16	17	18	18	19
上海	13	15	15	15	15
深圳	5	5	5	5	8
广州	8	9	9	10	11
天津	3	4	4	4	5

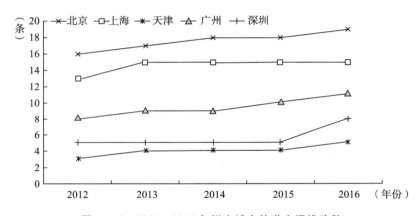

图 4 - 13   2012 ~ 2016 年样本城市轨道交通线路数

从表 4 - 10、图 4 - 14 可知，城市里的出租车在这五年几乎保持不变，只有上海五年里减少了 3000 多辆，这说明出租车在这些城市里已经达到饱和状态，已不能再提升城市里的交通运输状况。

表 4 - 10   2012 ~ 2016 年样本城市出租车数量

单位：辆

年份 城市	2012	2013	2014	2015	2016
北京	66646	67046	67546	68284	68484
上海	50683	50612	50738	49586	47271
深圳	15300	15973	16275	16596	17842
广州	19943	21437	21320	22022	22101
天津	31940	31940	31940	31940	31940

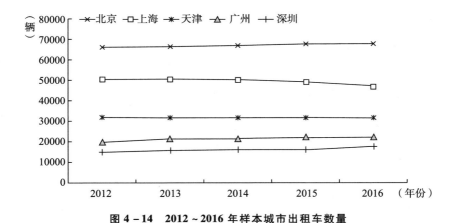

图 4-14　2012~2016 年样本城市出租车数量

3.1.2　航运情况

航运文化底蕴深。广州作为华南地区交通枢纽，是海陆空交通中心。在历史上曾是当时的国际航运枢纽，广州港在唐宋时期已成为中国第一大港、世界著名的东方港口。改革开放以来，广州港完成由河口港向深水海港的历史性跨越，形成了以南沙港区为龙头，新沙、黄埔等作为辅助的格局，成为中国第四大港口。纵观历史，广州港在漫长的历史长河中一直保持持续发展，成为沿海港口中唯一保持长盛不衰、历久弥新的港口。拥有2000 多年海洋文明历史经验的广州港，无疑是推动广州市建设国际航运枢纽的强有力资源。

地理位置优越。广州有"千年商都"之称，是从未关闭过的对外通商口岸，是珠三角地区外贸进出口重要通道、国内最重要的商品批发中心和专业市场集聚地。同时广州地处珠三角中心地区，衔接港澳，对珠三角地区辐射。

广州港是国家综合运输体系的重要枢纽，2016 年完成货物吞吐量 56619万吨，排名全国第四，广州港与世界 100 多个国家和地区的 400 多个港口有海运贸易往来，港口泊位达 800 多个，万吨级别共有 76 个。注册营运船舶1588 艘，2602 万吨净载重量，南沙港区至珠江出海口航道水深 17 米，有效宽度 243 米，可满足 10 万吨级集装箱船不乘潮单向通航和兼顾 12 万吨级散货船乘潮单向通航，可满足 5 万吨级船舶不乘潮双向通航进出南沙港，可满足目前世界最大集装箱船进出港要求。

由图4－15可见，广州2007～2016年港口的货物周转量、货运量有着明显的大幅提升，货物周转量由2007年的1913.7亿吨公里增长到2016年的14330.1亿吨公里，是2007年的7.5倍之多；货运量由2007年的8858万吨增长为2016年的30212万吨，增长了2.4倍之多，而集装箱数量由2007年的999万箱增加到2016年的1886万箱，保持稳定上升的趋势。

图4－15　2007～2016年广州港口货运变化

由图4－16可知，广州港口货物吞吐量以内贸为主，内贸吞吐量从2012年的34044.48万吨增长到2016年的41714.97吨，增长率22.5%；而外贸吞吐量从2012年的11080.67万吨增长到2016年的12722.48万吨，增长率14.8%。目前，广州港承载的货物更多是面向国内，并且每年稳步增长，而对外贸易吞吐量增速相对于国内较为缓慢。在全球港口航运市场低迷，部分港口出现生产负增长的环境下，广州港港口生产仍能保持增长实属不易。但是，要建设国际航运枢纽，不断扩大对外贸易吞吐量是必不可缺的环节之一，广州港需要通过积极开拓国内外集装箱航线，加强内陆和海外腹地建设，大力发展多式联运，持续加强港口能力。

广州港是中国华南地区最大的对外贸易口岸，它能有效地促进国内外的经济贸易往来，使资源、人才、技术不断往广州靠拢，在区域经济持续

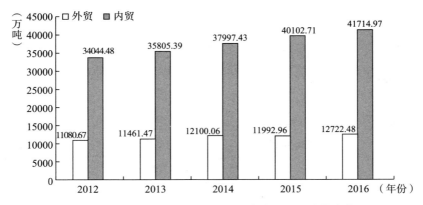

图 4 - 16　2012 ~ 2016 年广州港口内外贸易吞吐量变化

快速发展的推动下，广州港港口吞吐量、集装箱量持续增长。而以广州为核心点向周边的城市、区域进行辐射的趋势逐渐明晰，广州充分发挥自身条件与地理优势，实现人才资源、物流的高效流通。

由表 4 - 11、图 4 - 17 可知，上海的航运货物周转量这几年虽有所下滑，但仍保持在 1.9 万亿吨公里以上，拥有着完备、先进的载货航运水平，因而遥遥领先于其他城市。除此之外，广州的航运水平自南沙港建立以来不断提高，2015 年 3 月 24 日中共中央政治局通过了广州南沙自贸区总体方案，广州借此机会除了加深粤港澳地区深度合作发展，也开拓了国际市场，推动广东与 21 世纪 "海上丝绸之路" 沿线国家和地区的贸易往来，广州南沙港的发展越来越成为广州港航运水平的关键因素。因而，伴随着南沙港的崛起，广州的航运货物周转量逐年攀升，2016 年突破了 1 万亿吨公里的

表 4 - 11　2012 ~ 2016 年样本城市航运货物周转量

单位：亿吨公里

年份 城市	2012	2013	2014	2015	2016
上海	20067	17497	18320	19196	19026
深圳	1585	1702	2072	1916	1864
广州	4052	5870	7616	7978	14330
天津	7012	4742	2734	1708	1530

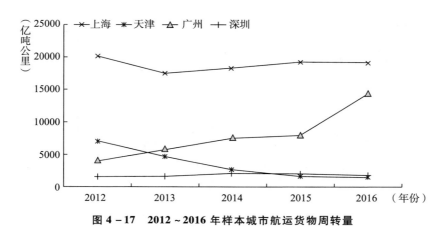

图 4 – 17　2012 ~ 2016 年样本城市航运货物周转量

大关。深圳的港口则处于起步阶段，仍然需要时间才可发展起来，而只有天津港口的发展开始下滑，尤其随着中国海洋和中国海运的整合，集装箱、油运业务的总部落户到了上海，散货业务的总部落户到了广州，天津航运发展受到了极大的影响。

3.1.3　空港

（1）建设航空枢纽

广州白云国际机场、北京首都国际机场和上海浦东国际机场是中国三大国际枢纽机场。至今，白云国际机场已开通运行机场第三跑道，已建成的第二航站楼于 2018 年 4 月 26 日正式启用，并准备扩建第四、第五跑道等设施，白云国际机场整体设施供给能力的大幅度提升将有效改善旅客出行效率，提升机场的国际地位。

如图 4 – 18 所示，2017 年白云国际机场实现旅客吞吐量 6580.7 万人次，比上年增长 10.2%，位居国内第三。

如图 4 – 19 所示，2017 年广州白云国际机场货物吞吐量为 178 万吨，比上年增长 7.8%，同样位居国内第三。

截至 2016 年末，广州白云国际机场已有 245 条航线，其中 87 条国际航线，158 条国内航线，通航城市 201 个，基本覆盖国内和国际主要城市。

图 4-18　2013~2017 年北上广三大机场旅客吞吐量

图 4-19　2013~2017 年北上广三大机场货物吞吐量

观察图 4-20 白云国际机场通航城市 10 年的数据变化，白云国际机场通航的国家和地区数、城市数从 2008 年开始是一直增加的，与更多的国家、地区通航代表了白云国际机场承载能力不断提高，航空能力、服务水平得以认可。

由图 4-21 可知，在这 10 年里，无论是国内航线还是国际航线，它的数量都有所增加，这一改变让游客外出旅游机会有了更多的选择，直达航线的开通大大提高了游客的出行效率。

"一个机场是一座城市的窗口。"白云国际机场除了着力提升硬件设施之外，同样在软实力上有所贡献，"唯美的丝路花城""炫酷的时空隧道"

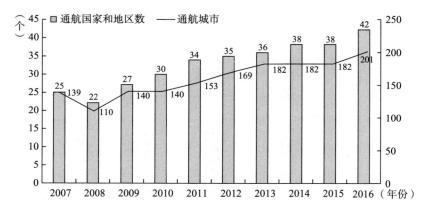

图 4 - 20　2007～2016 年白云国际机场通航国家和地区数与通航城市数

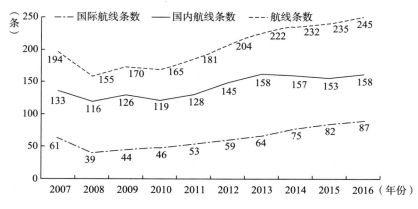

图 4 - 21　2007～2016 年广州白云国际机场通航情况

"独具活力的涂鸦墙""岭南特色登机口""秋爽白云主题体验活动""非遗项目莨绸文化展""许鸿飞'肥女人'雕塑巡展"……从航站楼环境氛围布置，引入装置艺术，增加文化元素，到流程上融入文化特色，再到举办系列主题文化体验活动，白云国际机场在建设文化机场道路上不断创新，不仅方便了旅客出行，而且还带给旅客丰富的文化体验。

建设特色机场，除了在服务和航站楼内突出民族文化及地方文化特色外，白云国际机场还有独具特色的文化符号。白云国际机场所在地广州是"海上丝绸之路"的起点，是"一带一路"的接合点。白云国际机场作为广州市特色文化的"明信片"，在提升文化品位和旅客体验，着力展现千年羊城广州的文化底蕴，充分发挥白云国际机场作为国际窗口在传播岭南文化、中国文化等方面的重要作用。

机场的旅客吞吐量逐年攀升，通航的国家、地区数量和航线数量不断增加，这显示了地区与国家间、地区与地区之间深度合作的结果，也是广州建设"一带一路"国际航空枢纽的重要成果。与此同时，独特的文化形象增强了白云国际机场的核心竞争力，它是提高机场服务水平的有力支撑。可见，拥有世界第三大航空公司南航、世界第一的物流公司联邦快递、世界级的飞机维修基地新科宇航的白云国际机场在国际航空中扮演着越来越重要的角色。建设国际航空枢纽意味着广州与通航的国家、地区、城市之间在贸易往来、文化特色、科技创新等领域有着更密切的合作、更广泛的交流融合。依托白云国际机场的辐射能力，将其建设成为国际航空枢纽、生态智慧现代空港区、临空高端产业集聚区和空港体制创新试验区。

（2）样本城市比较

从表4-12、图4-22中，可以清楚地看到北京机场、广州机场客运量遥遥领先于其他城市，广州与北京处同一水平均于2015年突破了7000万人大关，上海、深圳紧跟随其后保持平稳的增长，而杭州、重庆、天津处于同一水平，同样稳定增长。广州机场客运量虽然仅次于北京机场，但是在2014年也曾超越了北京，实现客运量第一，说明广州机场同样具有与北京机场匹敌的实力。

表4-12 2012~2016年样本城市机场客运量

单位：万人

年份 城市	2012	2013	2014	2015	2016
北京	6389	6988	6752	7172	7872
上海	3974	4173	4522	5000	5381
深圳	2808	3129	3538	3939	4354
杭州	989	1151	1334	1472	1622

续表

城市 \ 年份	2012	2013	2014	2015	2016
重庆	1253	1461	1657	1882	2147
广州	6184	6452	6985	7045	7404
天津	1009	1186	1382	1503	1645

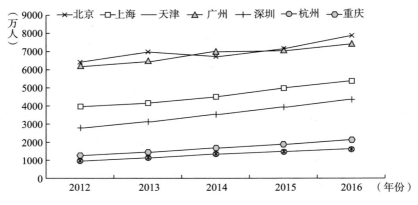

图 4 – 22　2012～2016 年样本城市机场客运量

表 4 – 13、图 4 – 23 中，通过七座城市的对比，我们能够明显发现在货运量上，上海远超其他城市，平均在 350 万吨以上，按照目前趋势将会突破 400 万吨，上海与其他城市相比拥有十分强大的优势。接着排名是北京、广州、深圳，这三座城市几乎保持相同的增长率，北京超过 150 万吨，广州朝着 150 万吨进发，深圳将要超过 100 万吨。剩下的杭州、天津、重庆相对平缓增长，都未超过 30 万吨这一水平。

表 4 – 13　2012～2016 年样本城市机场货运量

单位：万吨

城市 \ 年份	2012	2013	2014	2015	2016
北京	134.00	136.00	149.00	158.00	163.00
上海	338.00	335.00	361.00	371.00	387.00
深圳	60.00	68.00	78.00	77.00	94.00

续表

年份 城市	2012	2013	2014	2015	2016
杭州	20.00	22.00	24.00	25.00	29.00
重庆	11.90	11.92	12.92	12.00	13.00
广州	99.00	102.00	113.80	116.00	125.00
天津	19.43	21.44	23.34	21.73	23.71

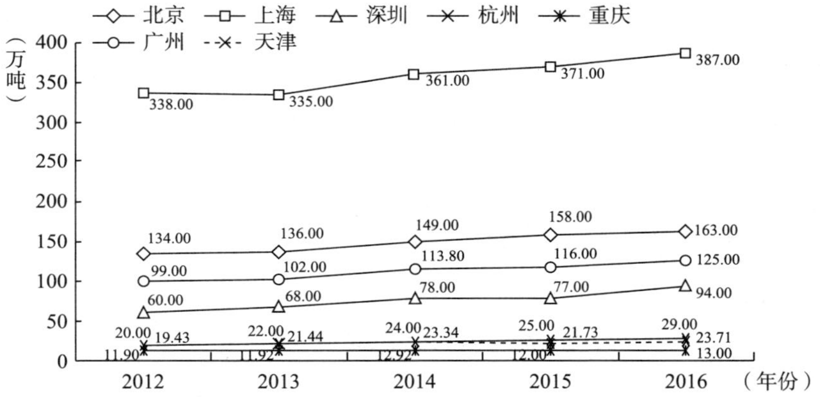

图 4 - 23　2012～2016 年样本城市机场货运量

由表 4 - 14、图 4 - 24 可知，上海机场、北京机场、广州机场的旅客周转量从 2012 年到 2014 年几乎保持一致的增长率，并且上海、广州与北京相比有 100 万人次的差距，但到了 2014 年之后，上海大幅度增长，2014 年至 2016 年平均年增长率为 17.8%，五年里平均增长率为 12.7%，同时在 2016 年超越北京，排名第一，而北京、广州在 2014 年至 2016 年平均年增长率分别为 10.4% 和 8.7%，平均五年增长率分别为 8.4% 和 9.0%。相较于前三名，深圳、重庆、天津发展不如北上广，深圳机场旅客周转量在 2014 年遭遇下滑之后，迅速回升至 2016 年，平均年增长率为 15.7%，而重庆、天津则保持五年里达 16.9%、16.8% 的平均年增长率，但由于起步晚，与前面的城市有着一定的差距。通过比较，我们可以了解到上海机场旅客周转量第一，说明上海机场具有最强的中转能力，北京、广州紧随其后，北上广机场被视为国际航空枢纽实至名归。

表 4 – 14   2012 ~ 2016 年样本城市机场旅客周转量

单位：万人次

年份 城市	2012	2013	2014	2015	2016
北京	1174.63	1244.73	1328.8	1468.25	1620.82
上海	1040.97	1158.95	1217.26	1445.81	1688.97
深圳	426.05	592.06	527.83	631.39	706.88
重庆	162.26	191.67	223.31	260.48	302.74
广州	1043.6	1131.61	1246.2	1354.86	1473.81
天津	118.07	140.11	167.12	189.32	219.55

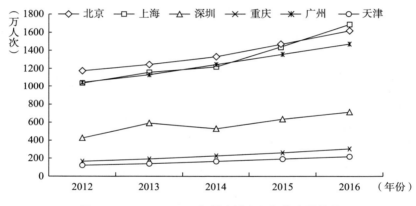

图 4 – 24   2012 ~ 2016 年样本城市机场旅客周转量

3.2   邮电业务现状分析

21 世纪以来，人类进入信息时代，随着计算机和互联网技术的兴起，邮电业务得到了快速的发展。互联网、移动电话、固定电话等技术变革的出现，改变了传统的个人邮寄方式，邮电业务给城市发展带来了巨大的效益。如表 4 – 15 所示，2016 年广州市邮电业务总量达 1628.3 亿元，同比上年增长了 48.99%，其中邮政业务总量 611.3 亿元，同比上年增长 53.7%，电信业务总量 1017.0 亿元，同比上年增长 46.3%，邮电业务收入约 648.9 亿元，占广州市地区生产总值的 3.3%，同比上年增加了 0.34%。

邮电业的发展已成为广州地区经济发展的一大增长点和产业结构优化

的目标对象，邮电业务量同时也是衡量广州城市竞争力的重要一环。曹小曙、李琳娜（2009）的研究结果表明，广东省邮电通信业务量的分布特征呈现出一定的阶段性——20世纪80年代以广州为单中心，90年代初的广州、深圳双中心，再到90年代中期以来的广州、深圳、佛山、东莞"两主两副"四中心，以及现在正在朝着多极化方向发展。

表4-15　2000~2016年广东四中心城市邮电业务量

单位：亿元

城市＼年份	2000	2011	2012	2013	2014	2015	2016
广州	168.3	525.3	495.9	656.0	838.4	1092.9	1628.3
深圳	154.2	404.4	463.9	623.0	798.2	1069.4	1718.7
佛山	66.3	134.6	148.8	190.3	222.9	282.9	450.3
东莞	74.1	218.4	250.5	289.4	359.6	475.6	756.1

由图4-25可知，2000年时的"两主两副"特点，到了2011年出现变化，本来广州和深圳的起点相同变为广州领先深圳100多亿元，而东莞曾与佛山平起平坐变为了一强一弱的局面。往后随着全省经济的触底回升，邮政监管体制不断优化，邮电所处的经济、政策、社会环境不断改善，给予

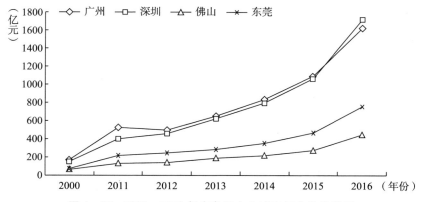

图4-25　2000~2016年广东四中心城市邮电业务总量

注：由2000~2016年广东省统计年鉴整理而得，2011年起按2010年不变价格计算，其余年份按2000年不变价格计算。

邮电极大地发展。因而，深圳与广州发展势头十分迅猛，在邮电业务量上同样保持了高增长率，并且深圳凭借此次机会在 2016 年末以 1718.7 亿元超越了广州，而曾经作为"两副"的东莞和佛山虽然有所发展，但是增长速度出现差异，东莞开始抛离佛山，两座城市以不同速度发展，但仍远不及深圳、广州。目前，广州与深圳仍然是双中心发展，两副仍为多元化发展趋势。

3.2.1　邮政情况

邮政由最初的邮电拆分出来后，主要负责邮件收寄、代收代缴、报刊订阅等传统业务，但是随着互联网技术革新带来的冲击，按照传统业务的发展模式已不能适应新环境的客观要求，因而邮政的业务结构也在不断地发生改变（见表 4 - 16）。

表 4 - 16　2000 ~ 2016 年广州邮政各类业务量

指标 ＼ 年份	2000	2005	2010	2012	2013	2014	2015	2016
函件（万件）	19609	24506	21948	23679	25431	21054	12871	9692
包件（万件）	499	259	178	141	128	107	57	40
汇票（万张）	363	777	580	319	768	575	355	168
订销报纸累计数（万份）	16270	17142	15645	15969	18664	16244	17246	15551
订销杂志累计数（万份）	2693	2018	934	1322	2291	1857	1853	1446
特快专递（万件）	444	915	2784	3332	76734	135729	190926	281098

（1）邮政主营业务——特快专递

由图 4 - 26、图 4 - 27、图 4 - 28 可知，原本邮政业务以函件、包件为主，而特快专递（简称快递）业务量非常低，但快递的业务量以 2012 年为转折点，随后飞速发展，其业务量呈现井喷式发展，几乎保持以直线增长的趋势，相反其他业务量基本有所降低，甚至原来的主营业务量在 2016 年比 2000 年还低。邮政业务从函件、包件为主，多种业务共同发展变为以快递业务为绝对主导地位的局面。

快递的高速发展是有迹可循的，随着网络技术的日新月异，互联网

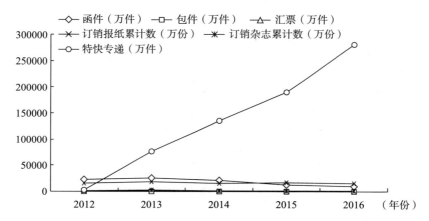

图 4 − 26　2012 ~ 2016 年广州各类型邮件分析

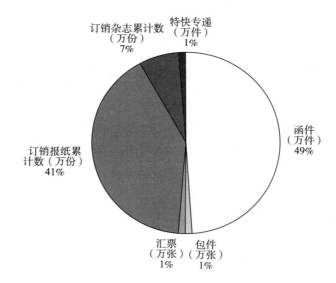

图 4 − 27　2000 年广州邮政各类业务量占比

以迅雷不及掩耳的速度走进了百姓的生活中，企业通过与"互联网＋"的结合，信息交换不受空间限制，降低了双方交易成本，使得人们即使足不出户也能通过使用互联网缴纳水电费、点外卖、租房子、买衣服等来解决衣食住行的问题。互联网极大地方便了人们的生活，电子商务也从中应运而生，网络购物的多种优点吸引了大部分人选择网购这一新方式。电商的兴起同时带动了快递行业的加速发展，快递行业的客户由单

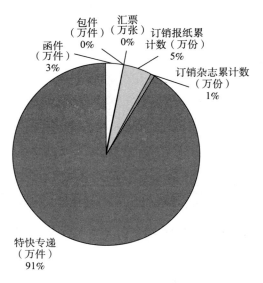

函件
（万件）
3%

包件
（万件）
0%

汇票
（万张）
0%

订销报纸累
计数（万份）
5%

订销杂志累计数
（万份）
1%

特快专递
（万件）
91%

图4-28　2016年广州邮政各类业务量占比

一的家庭用户向以工商企业为主转移，快递的物件由一般的信函、包裹向多种货物拓展转变，电子、医药、图书、高档日化品等商品也成为快递新物件，因而拓宽了快递行业的规模，替代了过去的邮政主营业务。

作为国家重要的中心城市，广州近年来着力推进枢纽型网络城市建设，发力国际航运、航空、科技创新三大战略枢纽建设，成效显著。快递业务量领先于全国，彰显了广州国家重要中心城市的引领带动作用和辐射力，彰显了广州汇聚货物流、资金流、信息流、人流的枢纽地位。

广州快递业务量能够领跑全国，与广州地理位置优越、物流行业发达有密切联系。广州有着"千年商都"之称，其位处珠三角地区中心地带，既靠近制造业发达的货源地，又接近消费市场，加之公路、铁路、航空、航运等重大交通基础设施完善，为广州快递行业的快速发展集齐了"天时地利人和"。除此之外，广州的物流行业不仅规模大，技术创新也属全国一流。比如在2017年"双11"中，无人机、无人车、无人仓等智能技术已投入多家快递公司使用，智能快递柜逐渐覆盖住宅区，"隐私面单"和共享快递盒等新技术，广州始终走在全国前列。

从快递业务量这一小小指标的转变，折射出广州的综合实力。从中见

微知著，我们不难发现广州的经济活力越来越强、国际枢纽的作用日益
彰显。

（2）报刊订阅

报刊订阅是邮政传统业务，其发展模式主要有大宗订阅及散户订阅。
大宗订阅业务基本是通过公共关系与渠道结合，利用社会发行站和报刊推
广员形式发展大宗订阅业务；而散户订阅群体具有面广、点散的特点，因
此渠道策略的运用对散户订阅发展意义重大。传统的报刊订阅，客户基本
是通过邮政提供的报刊目录简单搜索需要订阅的报刊目录代号，然后到附
近邮政网点下单完成订阅，客户无法深入了解报刊内容方向，也无法在线
上跟踪自己的历史订阅情况。线下报刊订阅服务难以向客户提供好的体验
服务。

从表 4 – 17、图 4 – 29 可知，订阅报纸累计数由 2000 年的 16270 万份到
2013 年的 18664 万份，而后缩减到 2016 年的 15551 万份；订阅杂志数量则

表 4 – 17　2000～2016 年广州报刊订阅情况

单位：万份

指标 ＼ 年份	2000	2005	2010	2012	2013	2014	2015	2016
订销报纸累计数	16270	17142	15645	15969	18664	16244	17246	15551
订销杂志累计数	2693	2018	934	1322	2291	1857	1853	1446

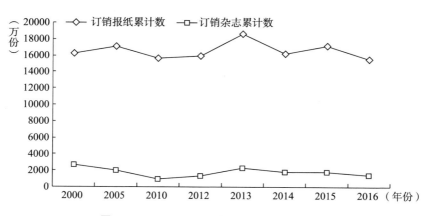

图 4 – 29　2000～2016 年广州报刊订阅情况

以平缓的速度降低。可见，广州报刊订阅无论是订阅报纸还是杂志都是一直在跌宕中不断缩减规模，在 2013 年之前，订阅报纸数量整体还是上升的，但是在互联网的冲击下，数字化阅读方式更为普遍，越来越取代了传统纸质阅读方式，传统的邮政业务也逐渐衰退。

（3）函件业务

针对函件业务，客户最关心的是邮件是否及时寄出以及最新的投递状态，因此如何优化投递环节、缩短投递时间，安全、准确、快捷地把邮件寄到客户手中是迫切需要解决的问题，也是提升邮政核心竞争力的基础。

但是函件作为邮政最为传统的业务类型发展频频受制。近年来，函件业务开始转型，函件业务是邮政标志性业务，在业务发展上，深化改革，积极创新转型，尤其在转型创新上将重点放在账单、商函、封片等重点业务推广的发展上，彰显传统信函与广告传媒业尤其是新技术、新媒体、新业态的深度融合，满足客户多层次、多样化的新需求。

3.2.2 电信情况

电信行业在现代社会中有着十分重要的地位，它的发展大大地加速信息的流动，缩短空间距离，提高社会经济的运行效率，从而创造巨大的社会效益。电信行业具有服务性、网络性、技术密集性等特点。近年来，电信技术发展迅速，电信新业务层出不穷，电信行业的内外环境也发生了巨大变化，电信企业面临着激烈的市场竞争，其经营管理工作变得更为复杂。

如表 4-18、图 4-30 所示，通过四中心城市电信业务量比较，近年来广州与深圳在这方面并驾齐驱，发展较为迅猛，尤其是深圳在 2016 年以总量 1052 亿元超越了一直稍微领先的广州。除此之外，东莞与佛山也从 2015 年开始加速发展，虽然与广州、深圳相比存在差距，但是相较于 2012 年自身的发展，2016 年东莞和佛山各自增长了 1.8 倍和 1.9 倍。

表4-18 2012~2016年广东四中心城市电信业务量

单位：亿元

年份 城市	2012	2013	2014	2015	2016
广州	358.07	387.02	540.74	695.19	1016.95
深圳	347.7	371.47	500.91	639.91	1052.02
佛山	132.94	140.54	189.4	235.9	384.48
东莞	188.33	187.71	249.91	304.04	526.85

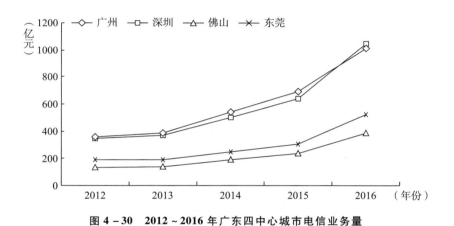

图4-30 2012~2016年广东四中心城市电信业务量

由表4-19、图4-31可知，广州近几年电话用户以及短信通信量增长幅度较小，而互联网使用时间较长。2015年8月广州市社科院发布的《广州移动互联网现状分析与未来发展思路》报告显示，广州互联网普及率已达78.4%，广州网民平均每周上网近20小时，在五大中心城市中居首位。网络普及早、普及率高，为广东及广州在电子商务行业的蓬勃发展奠定了基础。

表4-19 2011~2016年广州通信业务情况

单位：万户，亿条

年份 指标	2011	2012	2013	2014	2015	2016
移动电话年末用户	2566.93	3040.21	3176.12	3223.92	3218.58	2828.09
短信通信量	234.29	205.47	209.49	194.02	206.86	211.72

续表

年份 指标	2011	2012	2013	2014	2015	2016
固定电话用户	587.44	576.84	551.73	502.93	467.64	434.33

图 4-31　2011～2016 年广州各类型电信情况

3.2.3　互联网

互联网的快速发展对邮政传统业务的冲击是显而易见的。互联网技术对纸质函件的替代性、颠覆性影响不可逆转，并且进一步制约着传统纸质函件的生存发展空间。移动互联网的快速发展也正在逐渐取代邮政传统报刊发行业务的地位。互联网对邮电业务量的影响变得不可替代。在互联网背景下，人们的消费模式已发生了根本性的变化，我们将互联网单独列出来进行分析能更加客观地看待广州邮电业务的发展，从而对于广州城市竞争力有一个更加科学的评判。

由表 4-20、图 4-32 可知，互联网宽带接入端口数量在曲折中增长，但从 2014 年开始实现高增长，从 357.4 万个增长到 2016 年的 866.4 万个，每年平均增长率为 55.7%。同样地，移动电话基站数也是越建越多，从 2012 年开始至 2016 年一直保持稳健的高增长率，从 2.8 万个增长至 2016 年的 8 万个。互联网已成为当今社会不可分割的一部分，广州遵循"优化架构、提升容量、高速接入、广泛覆盖"的思路，在宽带网络上，着力建设全市大容量的骨干网，推进广州市小区光纤入户全覆盖；在移动互联网上，通过建设基站提高铁路、地铁和城际轨道等交通沿线 4G 覆盖率。

表 4 – 20 2011 ~ 2016 年广州互联网建设情况

单位：个

指标 \ 年份	2011	2012	2013	2014	2015	2016
移动电话基站数	26935	28326	40300	53732	66993	80457
互联网宽带接入端口	2520885	3142677	3717236	3573682	5645368	8663668

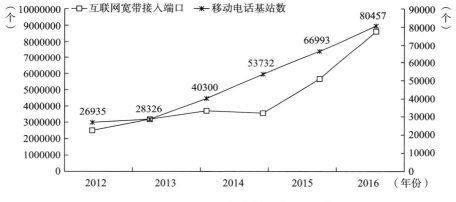

图 4 – 32 2012 ~ 2016 年广州互联网建设情况

近年来，邮政与互联网相结合已成为趋势，在"互联网 +"相关业务发展上不断创新和探索，积累了宝贵的业务发展经验，其中：微邮局服务得到社会的广泛认可，粉丝数量突破 30 万人；创新发展了函件新媒体业务，结合移动阅读市场的产品特征推出了智惠阅读数字平台，中国邮政旨在建立与多领域用户群体的垂直联系，协同内容生态链直面用户体验，不断加强阅读黏性，推动全民移动阅读的集聚和发展；以智能包裹柜建设为抓手，探索投递模式转型；利用自身闲置资源，借力电子商务产业园的快速发展，积极探索集代运营、仓储及相关增值服务于一体的电子商务服务模式。

表 4 – 21、图 4 – 33 数据显示，深圳和北京在邮电收入上有着极大的提升，这两座城市从 2012 年处于第二、第三位，通过壮大发展，2016 年超越上海成为前两名，并且深圳居第一名，深圳、北京的邮电收入高速增长有

赖于互联网概念更多地建立于这两座城市之上,从而带动了整个邮政电信行业的蓬勃发展。上海从第一位掉到第三位,其实说明上海作为一座金融都市,更专注于金融行业,邮电并不是其发展重点。广州在互联网上则并不如深圳、北京,虽然微信总部、唯品会总部坐落于广州,但是广州与北京、深圳相比,邮电业务有着很大的改善空间。

表4-21 2012~2016年样本城市邮电业务收入

单位:亿元

城市 \ 年份	2012	2013	2014	2015	2016
北京	546.47	652.47	751.13	991.20	1468.59
上海	638.18	746.09	907.52	1166.07	1074.22
深圳	563.58	622.99	761.99	1040.32	1715.02
广州	337.30	458.51	505.26	540.01	648.92
天津	186.74	196.00	244.82	321.58	483.85

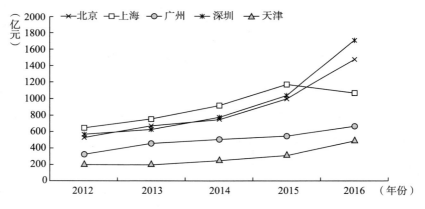

图4-33 2012~2016年样本城市邮电业务收入

3.3 面临的挑战

从上文的分析对比我们可以得知广州的交通邮电综合实力较强,在一线城市中处于优势地位。但同时我们也应该清楚认知广州现阶段在交通邮电产业发展方面面临的一系列挑战。

3.3.1 内部困境

（1）交通拥堵

根据中国智能出行 2015 大数据报告显示（见图 4 - 34、图 4 - 35），广州每年因交通拥堵导致的人均成本超过 7799 元，仅次于北京的 7972 元；而广州高峰拥堵延时指数更高达 1.72，在北上广深位居第一，暴露了广州在市内交通道路网建设和公共交通建设方面的不足，导致在治理城市拥堵方面跑输北上深。

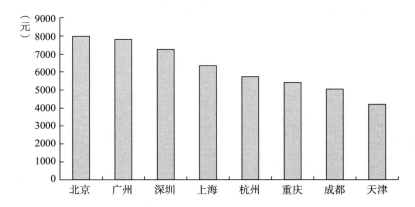

图 4 - 34 2015 年样本城市交通拥堵人均成本

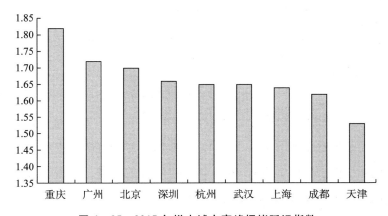

图 4 - 35 2015 年样本城市高峰拥堵延迟指数

随着人口数量和社会机动车数量的增加，广州的交通趋于一种饱和的状态，城市交通建设跟不上机动车数量以及经济的增长。虽然近年来广州

市在城市交通建设上采取了很多措施，但从实际情况来看，这些措施只起
到了暂时缓解城市交通拥堵的作用，并没有从根本上解决交通道路与车流
量之间供需不平衡的问题，所以广州不得不继续面临交通拥堵所带来的压
力。如图4-36所示，在2012年至2014年，广州城市道路面积拓展比较缓
慢，而汽车拥有量则高速增长，虽然2015年有所好转，但是往后道路建设
仍然跟不上，随着汽车拥有量的增加，出现道路建设跟不上汽车量的情况。
若是不重视广州的城市交通建设（供给）与人民出行需求之间的矛盾，将
会产生交通拥堵的问题。广州唯有通过优化城市交通路网结构来提高城市
交通供给能力，才能摆脱当前的困局。

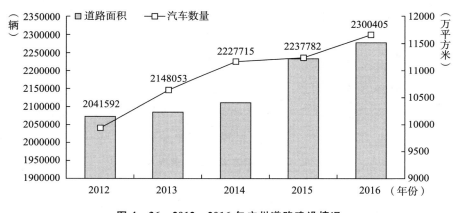

图4-36　2012～2016年广州道路建设情况

（2）汽车保有量的激增

从表4-22、图4-37中可以看到，广州近几年的道路面积增长非常缓
慢，2012～2014年只有1%左右的小幅度增长，但是汽车数量则一直处于高
增长，远高于道路增长速度，长此以往则会极大影响城市内交通情况，因
而我们也能从图表中明显发现2015年市政府采取措施，缓解交通拥堵的难
题，通过大幅度扩大道路面积，并且在汽车拥有量增长率下滑的情况下，
暂时性地解决了交通拥堵问题。好景不长，2016年道路面积增长率急剧下
滑降至2.63%，而汽车拥有量增长率回升至2.8%，道路建设与汽车拥有量
这两者供需关系不匹配将会导致交通拥堵情况再次出现，交通不便捷，造

成人们堵塞在路上的时间成本增加，长此以往造成人才的流失。因此，广州在交通道路建设上仍不能掉以轻心，通过科学布局、结构调整升级提升目前城市内交通线路系统，引导广州城市空间形态向更深、更广的方向拓展，以适应城市的经济发展。

表 4 – 22　2012 ~ 2016 年广州市汽车保有量情况

单位：%

指标 ＼ 年份	2012	2013	2014	2015	2016
道路面积增长率	1.08	1.00	1.69	7.84	2.63
汽车数量增长率	9.90	5.21	3.71	0.45	2.80

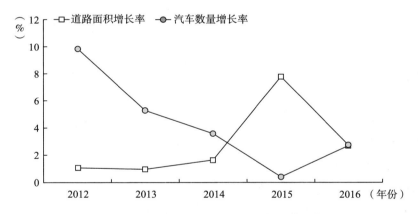

图 4 – 37　2012 ~ 2016 年广州市汽车保有量情况

（3）交通建设投入不足

从表 4 – 23 中看到，2015 年除广州外的其他四个一线城市，道路面积增长率均大幅度高于人口增长率，深圳的道路面积增长率高于人口增长率达 7.39 个百分点。而广州市的道路面积增长率仅比人口增长率高出 0.48 个百分点。可见，虽然广州市的交通建设投入在大幅度提升，道路面积也在增长，但或许只能短期缓解部分交通压力，从长期的人口增长情况与社会总需求来看，广州目前的道路面积增长率是无法从根本上缓解广州市的交通压力的。

表 4 - 23　2015 年样本城市交通投资情况

指标 城市	交通运输固定 资产投资 （亿元）	交通运输固定 资产投资 增长率（%）	人口 （万人）	人口增长率 （%）	道路面积 （万平方米）	道路面积增 长率（%）
北京	756.5	13.84	2151.6	1.74	10002	4.07
上海	383.33	4.7	2425.68	0.44	17392	1.43
广州	689.62	12.9	842.4169	1.21	10414	1.69
深圳	432.94	9.97	1062.89	0.77	11496	8.16
天津	769.71	3.8	1516.81	3.03	13144	5.66

（4）智慧城市建设滞后

智慧城市是国际化大都市未来的发展方向。智慧城市通过充分运用信息和通信技术手段感测、分析、整合城市运行核心系统的各项关键信息，对包括民生、环保、公共安全、城市服务、工商业活动在内的各种需求做出智能的响应，从而提高生产效率与生活便利性，节约成本，为人类创造更美好的城市生活。广州是国内较早提出建设智慧城市的大都市，但实际成效推进较为缓慢。特别是基于现代网络技术的信息搜集、共享平台及协同机制建设，滞后于社会发展需要，也远远落后于杭州等样本城市。加快道路交通以及互联网、物联网等智慧城市的基础设施建设，积极探索信息共享机制，是广州进一步推进城市建设，提升城市管理水平，优化营商环境，打造国际创新中心城市的必然要求。

3.3.2　外部挑战

（1）样本城市竞争

道路交通等基础设施是营商环境的重要组成部分，也是城市间竞争力的重要内容。比较分析上海、北京、成都、杭州及广州相关数据（见表 4 - 24），可以发现，从 GDP 排名来看，广州的排名和增长率仍靠前，但杭州的 GDP 增长率已经超过上海、北京、成都和广州。再从道路密度的增长率来看，杭州道路密度增长率远超其他四座城市，而广州新增道路建设不足，发展后劲堪忧。

表 4 - 24　2015 年样本城市 GDP 与道路建设情况

城市 ＼ 指标	GDP （亿元）	GDP 排名	增长率 （%）	人口 （万人）	道路密度 （公里/平方公里）	增长率 （%）
上海	25123	1	6.60	2425	1.2308	1.73
北京	23015	2	7.89	2168	1.0024	2.08
广州	18100	3	8.34	1667	0.9587	0.69
成都	10801	9	7.4	1442	2.826	8.05
杭州	10050	10	9.17	889	0.5084	9.93

（2）过境交通压力

广州是我国南部海陆空交通枢纽。交通枢纽的地位在给广州带来人流、物流及要素集聚的同时，也给广州带来了巨大的过境交通压力。东部的广深经济走廊、西部的广佛同城化，都给广州的交通基础设施建设提出了重大需求。广州已有开放式路网格局，绕城连接线路严重不足，城内交通压力巨大。必须强化西部交通路网规划建设，按近、中、远三个阶段，加快完成广佛出口放射线二期、如意坊隧道、快捷路二期荔湾段、大坦沙大桥等重大交通项目建设；加强轨道交通建设，结合广佛珠江城际线与轨道20号区域快线的建设，合理布局交通衔接设施；荔湾辖内路网建设，逐步完善白鹅潭、广钢新城等内部组团路网。同时，强化东部及南部绕城路网建设，加强广深、广惠等高速公路的互联互通，疏解过境交通压力。

（3）周边城市竞争

改革开放40年，珠三角经济社会取得巨大进步，涌现了诸如深圳、东莞、佛山、珠海等新兴城市。这些城市工业发达、交通设施日趋完善，并逐渐形成了自身的城市组团，削弱了广州的中心城市定位。虎门大桥、港珠澳大桥、筹建中的深中通道，以及四通八达的各类高等级公路，消解了广州作为中心城市的资源集聚能力。广州机场、深圳机场及香港机场，空域狭小，航线紧张，客户及航线竞争激烈，发展前景局促。而同处珠江三角洲的深圳、香港、珠海等沿岸港口，自然条件优于广州港，资源抢占激烈。另外，长三角和环渤海经济圈的迅速崛起，也给广州的国际航运中心、国际航空中心定位带来巨大冲击。

3.4 前景与展望

3.4.1 内外兼修，全面发展

广州作为国际性交通枢纽，对外连通的辐射能力很重要。随着时代潮流的变化，快速与便捷成为人们所青睐的交通工具必备的要素。随着广州建设商贸中心的城市定位纳入国家总体规划，广州对外交通的重要性更加凸显，航空是其中的关键。未来不仅需要完善航线，更要完善高速铁路、城际轨道、城市轨道、专用轻轨、高速公路、城市道路等多种交通方式的衔接，提升换乘便捷性。随着境外旅游人数的增多，航线的多样性显得尤为重要，需要争取航权航线开放，加强与各国家、各地区之间的交往和联系。与此同时，换乘的过程也能促进和增加过境旅客的消费需求，从而促进经济的发展。

对内更多的是需要连接。打通东、西、北大通道，面向长三角、全国展开交通枢纽布局。广州定位为交通大枢纽，内外必须兼修。在对内连接上，广州正在打通面向大西南、长三角、京津冀的陆路大通道。面向大西南，贵广高铁 2014 年已经开通，广州与沿线广西、贵州联系愈加便捷快速，通过大西南通道，广州与东盟国家缩短了空间距离。广昆高铁（广昆高铁是广州拓展全国性、区域性综合交通的又一通道）已于 2016 年底开通，来自东盟的客货流 7 个小时便可抵达广州。广州需要拓展全国性交通，将各方向的大门敞开，让全国客流、货流和信息流出入更为方便，从而充分发挥广州作为华南地区国家中心城市的能极作用。不仅如此，加密高速公路的建设，加快广州与周边城市之间城际轨道的建设，加强市内交通管理，形成以轨道、地铁为骨干的公共交通体系。提升工作、生活交通便利性，以留住人才，吸引更多的企业、人才落户广州，扎根广州。

3.4.2 调整布局，缓解压力

目前的交通系统对城市空间布局调整的支撑还不够，两者发展不相协调。出现交通拥堵现象的原因包括以下几点：中心区功能集中，交通疏解困难，道路交通拥挤，潮汐现象明显，综合交通枢纽分布不合理。因此，

广州需要着重扩建环城高速内的核心区面积，轨道的区域面积适当扩充，往外围（东部和南部）建设综合性门户枢纽，从而达到交通分流和截流的功能，避免中心区域主要枢纽的压力过大。坚持建立以轨道交通和新型有轨电车为主体，常规公交、出租车、水上巴士为重要补充，与步行、非机动车无缝接驳的低碳公共交通系统，达到"区区通轨道、镇镇通快线、社村通支线"。

3.4.3 政策支持，持续发展

环境恶化和资源缺乏问题是关系城市能否持续发展的两个重要问题，公共交通比小汽车交通污染小、能耗低。因此，发展公共交通也有利于城市社会的可持续发展。那么如何发展公共交通？首先通过制定各项经济政策实施引导。各级政府通过增加财政补贴、合理核定票价等多种措施，充分发挥公共交通运量大、价格低廉的优势，引导群众选择公共交通作为主要出行方式，促进公交优先发展。公交企业因票价下降减少的营运收入，经地方财政审核后分别按季度或年度给予财政补贴。优化路网结构，积极推行"朝九晚五"的分时段上下班制度和相应的公共交通政策，使广大市民"分时段"使用公交系统，同时上下班高峰期间停止"免费票"的使用和有关的票价优惠政策，引导部分"非工薪阶层"在交通高峰期以外的时间搭乘公共交通，达到"分流"目的。

3.4.4 结合技术，转型升级

2015 年"两会"期间，国务院总理李克强在政府工作报告中强调要制定"互联网＋"行动计划。2015 年 7 月 4 日，国务院出台"互联网＋"的顶层设计《关于积极推进"互联网＋"行动的指导意见》，提出包括创业创新、协同制造及电子商务等与互联网深度融合的一系列重点项目。"互联网＋"在为传统产业应用互联网，助力产业转型升级、创新驱动发展等方面给传统邮电模式带来了良好的发展机遇。为邮政业务搭建邮政线上综合营销与服务平台；加快推进传统邮政业务"互联网＋"的探索和实践；加快建立各专业客户大数据平台；以市场需求为导向，提升"两包"产品服务品质；抓住电子商务客户需求，探索更高效的电子商务服务模式；加快培养一支掌握互联网技术和商业运营模式的专业人才团队，实现邮政企业在"互联网＋"大潮中的业务转型升级和跨越式发展。

交通作为生产生活的一个必要环节，是一座城市发展经济效益的基础，可见其重要性。邮电通信是我国通信事业的重要组成部分，同样也是国民经济重要的组成部分。邮电通信有着极其重要的意义和作用。随着社会的发展，交通的发展对于一个城市的经济发展和综合地位起着越来越重要的作用，甚至具有一定的决定性地位。广州市目前的交通发展情况、邮电发展状况在全国仍处于领先地位，短时间内地位难以撼动。但随着新兴城市的飞速发展，广州市也面临着不小的威胁。交通发展速率一旦跟不上经济的发展速度和总体需求，就容易被超越。因此，进一步研究符合可持续发展原则的交通运输及邮电网络体系是确保广州保持自身综合竞争力的必要因素。

4　市场环境

市场环境是指经营活动所处的社会经济环境中企业不可控制的因素。主要有政治法律、经济技术、社会文化、自然地理和竞争等方面的因素。市场环境分析包括：①一般环境分析——所处经济体相关的经济形势、政策导向、技术发展水平、社会导向（如人们的价值观、产品使用习惯等）、人口统计变量（如男女比例、年龄分布、教育程度分布等）；②产业环境分析——波特五力模型和产品生命周期模型；③运营环境分析——主要是分区域销售情况和渠道分布状况分析等几种模式。

初创型企业对市场环境敏感度最高。首先，初创型企业固定成本投入大，资金有限且融资难度高，产品市场份额低，这将导致其难以实现盈利，更难以实现稳定、正向的资金流。其次，初创型企业组织结构简单，为节省人工成本，生产经营者和管理者等职责分工往往合为一体，也较少聘请资深专业的管理人才、技术人才，这将进一步导致企业内部难以形成有序的、有效的内部管理体制，外部的市场占有率和品牌竞争力低，企业实现自我升级和扩展的阻力也相当大。为此，本研究主要从初创型企业视角出发，从"成本""企业申办""法人和产业活动""公共服务和卫生环境"四个方面，考察广州为初创型企业所构建的营商环境，并探讨其提升的途径。

4.1 成本

营商成本是影响企业活力的重要因素，"降成本"是激发企业活力的重要途径。对于初创型企业而言，这更是存续和发展的重要推力。城市的营商成本要素涉及方方面面，包括人工成本、用地成本和物流成本、用能成本、税费负担、融资成本、制度性交易成本等。只有真正地控制好区域营商成本、打造成本"新洼地"，广州才能营造出地区比较优势以吸引国内外投资者，并帮助初创型企业成功度过生存期，使之能长久发展。自开展供给侧结构性改革降成本工作以来，广州积极采取各种举措为企业减负增效，如制定了《广州市供给侧结构性改革降成本行动计划（2016～2018 年)》《广州市降低实体经济企业成本实施方案》等政策。通过多种措施的实施，广州 2016 年度为企业实现减负超 700 亿元、2017 年度为企业实现减负超 800 亿元。2018 年底，企业负担持续减轻，企业活力得到进一步的释放，企业竞争力进一步提高。

4.1.1 人工成本

人工成本，是指企业在一定时期内，在生产、经营和提供劳务活动中因使用劳动力而支付的所有直接费用和间接费用的总和。

如图 4-38 所示，广州的在岗职工平均工资呈现逐年上涨的状况，但工资水平总体低于北京、上海，与深圳、天津相近。深圳的在岗职工平均工资水平不断提高，并于 2016 年赶超广州。目前，劳动力成本的上涨成为影响企业在广州发展的一大因素，企业在职工工资和福利上的支出就超过管理成本的 1/3，为职工缴纳的"五险一金"占到工资总额的 30% 以上，因此人工成本成为企业运营较大的负担。尤其在制造业中，广州的人工成本竞争力更显不足。广州制造业职工平均工资已经达到部分东南亚、南亚国家的数倍之多，目前是印度的 5 倍、越南的 3 倍。高人工成本已成为极大地弱化广州制造业竞争力的重要原因。

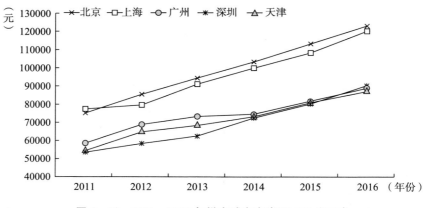

图 4 - 38　2011～2016 年样本城市在岗职工平均工资

为帮助企业合理降低人工成本，广州市政府为企业提供了很多的政策扶持措施。首先，降低了社会保险费率。从 2015 年起广州市的城镇企业职工基本养老保险单位缴费比例从 20% 下调至 14%，并继续推进基本医疗保险城乡一体化，逐步降低单位费率。其次，严格控制广州市企业住房公积金缴存比例上限（12%）。广州市的企业可根据自身生产经营状况在 5% ～ 12% 区间自行确定选择合适的住房公积金缴存比例，对于缴存公积金确有困难的企业，政府还给予降低缴存比例或缓缴的优惠政策。再次，广州市还坚持完善最低工资调整机制。对于最低工资标准调整周期，遵循"收入水平增长幅度与劳动生产率提高相适应"的原则，并把最低工资标准调整由两年一调改为三年一调；对于最低工资调整幅度，原则上不超过同期城镇单位就业人员平均工资增速，充分兼顾了企业承受能力和劳动者发展需要。最后，广州市政府还通过加强公共就业服务、提升企业劳动力技能水平、实施援企稳岗补贴政策等措施，帮助企业降低在职员工工资和福利上的支出，切实降低人工成本。

发展是第一要务，人才是第一资源，创新是第一动力。近年来，广州为打破人工成本困局，摆脱与东南亚、南亚国家的廉价劳动力竞争，积极对人才框架和产业进行升级，进一步提升区域内企业的核心竞争力。通过"引进人才"和"培养人才"的方式，加快形成企业发展与宏观经济发展的良性循环格局。

在引进人才方面，广州立足于本市的规划建设，面向全世界广募人才。在 2017 年底，广州市就印发了《广州市高层次人才认定方案》《广州市高层次人才服务保障方案》《广州市高层次人才培养资助方案》《关于实施鼓励海外人才来穗创业"红棉计划"的意见》。高层次人才的认定、服务保障和资助有了可循的方案，广州市对于高层次人才的拉力也随之加大。据有关部门统计，目前在广州市工作的诺贝尔奖获得者 6 人、两院院士 77 人（全职 35 人）；国家"千人计划"专家 281 人、"万人计划"专家 95 人，分别占全省的 53.2%、79.2%。同时，全球顶尖的科研成果、技术也纷纷在穗集聚、落地。可见，广州在全国乃至世界的人才争夺中，具有相当的竞争力。除此以外，广州市还相当关注海归人才在穗发展的情况。近十年来，广州市留学归来人员从不到 2000 人增长到超过 6 万人，留学归来人员相关企业达 2500 多家。留学归来人员数量正不断上升，且对广州城市建设、经济发展的贡献越来越大。因此，加大力度吸引海归人才来穗创业、就业将加速广州的升级发展。为此，广州市举办了 2017 中国海外人才交流大会，来自世界各地的 3500 多名海外人才参会。两天会期全场项目对接数达 4000 次，签约意向落地项目约 150 个；其中，国家"千人计划"专家团队携 164 个项目参会，约 50% 达成合作意向。海外人才来穗发展，有利于世界顶尖的科学技术落地广州，推动新兴产业从科研层面转化为产业和应用。

广州市为建设创新创业的人才高地，在自主培养方面也加大了力度。目前，广州市启动了"岭南英杰工程"，旨在为各行业领域培养领军人才后备队伍，为各类国家级重点人才工程人选建立后备人才库。同时，广州市还通过"菁英计划"选派、资助一批优秀青年人才到国外一流高校攻读博士学位或者进行联合培养，打造将来在广州市各领域创业就业的人才，逐步壮大广州市经济社会发展建设的骨干队伍。

在关注企业人工成本的同时，"房价"亦是不可忽略的一个方面。因为高房价将导致人才难以安居,进而导致企业出现用人难的问题。同时,高昂的房价也会使得创新人才的生活成本攀升,企业人工成本随之水涨船高,这将不可避免地推高创新成本,其所带来的直接后果将是产业的外迁。因此,广州要通过人才战略实现转型升级,房价不应该成为阻碍人才引进的门槛。要发展广州实体经济,在客观上必须控制房价的上涨。

从图4-39可看出,2011~2015年广州商品房平均售价在一线城市中并不算高,在高成本时代一直保持得比较理性。到2016年,深圳、北京、上海的房价已经相对广州高出不少。五个城市中,深圳的商品房售价飙升速度最快,到2016年已远远高于其他一线城市;北京的房价保持逐年上涨的态势,虽然速度不及深圳,但是从全国范围来看,北京的房价亦处高位;上海房价在2011年到2016年间同样是保持逐年上涨的态势,而且价格紧追北京,同深圳、北京成为全国房价前三名。综上,各城市的商品房平均售价均呈持续上升的态势,但广州相对于深圳、北京、上海而言,商品房价格较低,对比其他城市有较大的优势,有利于集聚创新创业人才。这归因于广州近年来积极响应国家出台的房贷新政、松绑"限外令"、降低住房转让手续费的政策,并出台公积金贷款新政,一定程度上解决了外来高素质、高技术人才在广州的"安居"问题。

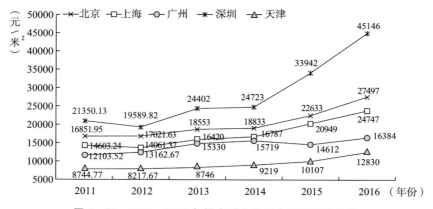

图4-39 2011~2016年样本城市商品房平均销售价格

尽管广州商品房价格在几个城市中具有优势,但是广州对未来的商品房市场仍应保持清晰的预判。由于产业集聚,城市人口不断增加,住宅用地的需求旺盛，土地稀缺性日益突出，中心城区的可开发土地尤为匮乏，住宅地价涨幅越来越大，这也是拉高商品房售价的一大原因。所以，应当予以关注，并采取措施以尽可能地降低房价对城市发展的冲击。

综上，广州市为企业降低人工成本做出了很大的努力，不仅就当下发展形势给予企业政策优惠，还立足长远把握住了人才对于提升企业核心竞争力、城市综合竞争力的基础性和决定性作用，出台相关的人才集聚政策，极大地激活了城市的创新力。

4.1.2 用地成本

用地成本，是指企业为开展正常的经济活动得到可利用土地过程中的所有物质成本，包括土地取得成本和土地开发成本。

表4-25为广州市国土规划委于2015年9月1日公布的《广州市国有建设用地使用权基准地价》，主要分为商业、综合（办公）、居住、工业4类，所公布的基准地价涵盖原市辖十区，其规划建设用地中商业、综合（办公）、居住、工业用地平均价格水平分别为15351元/米^2、4915元/米^2、6255元/米^2、887元/米^2。其中居住用地最高23696元/米^2，商业用地最高54627元/米^2。该次基准地价的价格基准日为2015年1月1日，距离上一次基准日（2010年7月1日）不到五年时间内，原市辖十区商业用地基准地价涨了5054元/米^2，涨幅49%；居住用地基准地价涨了2891元/米^2，涨幅86%。地价上升的幅度，不但超过了GDP的增长速度，而且超过了房价的上升幅度，可见广州地价正处于快速上升的通道中。工业用地、商业用地的地价攀升无疑将直接增加企业的成本，增加企业的负担，降低一地区的营商吸引力。

表4-25 2015年广州市商业用地、综合（办公）用地、居住用地及
工业用地的基准地价

单位：元/米^2

类目	商业用地	综合（办公）用地	居住用地	工业用地
基准地价	15351	4915	6255	887

资料来源：《广州市国有建设用地使用权基准地价》。

因此，广州需要寻找降低企业初始用地成本的良策，探索和建立与广州市经济发展水平相适应的基准地价调整机制。盘活工业用地存量以间接增加工业用地供给，提高工业用地利用率。推进标准化厂房建设，混合利用产业园区土地，节约集约开发工业用地，探索建立企业入驻城市更新项目用房用地的配套激励机制和鼓励措施，提高土地利用产出效益。

4.1.3 物流成本

物流成本，是指产品在实物运动过程中，如包装、装卸、运输、储存、流通加工等各活动中所支出的人力、财力和物力的总和。

近年来，广州加快发展海运、航空、高铁，竭力打造枢纽型网络城市，并通过加强铁路与公路、水路等交通运输方式的配合，提高铁路货运量占全社会货运量的比重，为企业降低物流成本。广州有货物吞吐量国际排名靠前的港口，借着广州一直以来的内外贸优势，港口面向国内外的连接愈加丰富，推动物流体系深入内陆、延伸国外。与此同时，广州有作为中国三大国际航空枢纽机场之一的白云国际机场，是中国三大门户复合枢纽机场之一，世界前百位主要机场。国际航线、航空的搭建，进一步提升广州物流国际化的水平，助力广州连通海内外先进产业、高素质人才。再者，广州的高铁通达全国，对于经济效率的提高有重要意义。

在农副产品方面，广州在规范公路收费的基础上，对鲜活农产品开启"绿色通道"通行政策，同时加强了对鲜活农产品运输通道的设立和检查，保障了优惠政策的落实，切实降低了农副产品的流通成本。

在货运方面，广州进一步推进港口、机场、铁路的价格改革，通过"减项、并项、降费"降低航运企业和进出口企业的负担，加快各项运输的市场化改革，通过合理的政策指导和市场调节，进一步降低企业的货运成本。

在进出口环节中，广州加强了对进出口环节经营性服务收费的监管，依法整治强制服务和乱收费的行为。同时，升级口岸查验的配套服务，对于查验合格的外贸企业予以免除吊装、移位、仓储费用的优惠。同时，广州也通过市场化改革手段对进出口环节的物流收费进行升级，通过政府制定收费目录清单,使进出口环节的物流费用有规则可循;在此基础上,放开竞争性服务和收费,降低企业进出口流通成本。

在提高物流效率方面,广州通过支持物流中心、城市物流配送、冷链物流、跨境电子商务、甩挂运输和物流标准化体系建设,进一步完善综合物流服务平台。在智能化、信息化时代下,广州正通过技术手段将物流网络有效衔接起来,公路、铁路、水路、航空等多种运输方式都在信息平台上实现对接,极大地提升了企业的运行效率,为经济的增效提速作出了极大贡献。

物流体系逐渐发展健全,广州产业发展的宽度和深度都得到拓展,人才和资金正朝着广州转移。一方面,广州作为珠三角中心城市的集聚效应得到了放大,"同城效应"日趋明显;另一方面,广州连接了香港和东南亚,接轨世界,内外通达。当前,粤港澳大湾区正建设得如火如荼,其必将对广州的物流体系提出更大的挑战,也会有更多的企业呼唤政府将物流成本控制在合理水平。总之,进一步构建立足粤港澳、辐射亚太、面向全球的综合物流通道和网络体系已成为时代对广州的呼唤。

4.1.4 用能成本

用能成本,是指企业因在开展经济活动过程中使用电力、石油、天然气等能源所承担的物质成本。

工业生产者购进价格指数(PPI),是反映工业企业作为生产投入,而从物资交易市场和能源、原材料生产企业购买原材料、燃料和动力产品时,所支付的价格水平变动趋势和程度的统计指标。如图4-40所示,除北京以外,上海、广州、深圳在2011年到2016年间工业企业的生产投入价格总体均呈下降趋势。在国内需求偏弱和产能过剩的背景下,除北京在2011年到2014年间原材料、燃料和动力产品价格水平上升以外,其他一线城市的原材料、燃料和动力产品的价格水平均呈现持续回落状态。广州的工业生产者购进价格指数在2012年到2015年间持续回落,2015年到2016年间小有增幅。其中,导致广州的工业生产者购进价格指数下降的能源类别主要集中于燃料动力类、黑色金属材料类、有色金属材料和电线类及化工原料类。

从大体上说，广州在这几年间的工业生产者购进价格指数水平与其他一线城市（除北京以外）相近，生产成本优势不够明显。近年来，广州也大力深化各种能源价格机制改革，逐步放开电力、天然气、热力、交通、电信等领域竞争性环节价格政策，引导工商业用户与供应方通过协商、交易平台竞争等方式确定价格，切实降低企业用能成本，这将有助于相关企业减少经营压力，扩大利润空间。

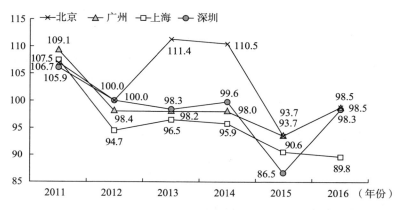

图 4 - 40　2011 ~ 2016 年样本城市工业生产者购进
价格指数 （以上年为 100）

4.1.5　融资成本

融资成本，是资金所有权与资金使用权分离的产物，其实质是资金使用者支付给资金所有者的报酬。企业融资成本实际上包括两部分，即融资费用和资金使用费。

广州近年来着力推进金融服务体系建设，促使广州金融业迅速发展。从 2011 ~ 2016 年，广州金融业增加值增长 133%，增速领先北京 （108%）、上海（113%）、深圳（84.1%） 等全国大城市，到 2017 年广州金融业总资产超过 6 万亿元，其发展呈现出领跑中国的迅猛增势。广州全市累计培育境内外上市公司 138 家，总市值 2.4 万亿元；在 "新三板" 挂牌企业 393 家，总市值 1133.97 亿元。全市各类股权投资、创业投资、私募基金机构超过 2000 家，管理资金规模超过 4500 亿元。金融服务体系的日渐成熟健全为企业的生存和发展带来了资金融通的支持，尤其为初创型企业提供了极大的便利和帮助。

首先，政府在金融政策上对企业予以帮助。通过增信、贴息等措施引导银行机构优化信贷投向，对重大产业和项目予以信贷支持；通过调整贷款期限、创新还款方式，鼓励银行合理规划业务，减轻中小微企业的还款压力，降低资金周转成本；通过支持企业在境内外证券市场上市，到"新三板"、广州股权交易中心挂牌，提升企业的直接融资能力；通过奖励在广州设立法人的金融机构、金融机构地区总部和金融交易市场平台，为企业创设更好的融资环境。

其次，广州市政府正有的放矢地帮扶中小微企业、重点企业以及新兴战略型产业降低企业的融资成本。对于中小微企业，政府注重为其搭建融资平台，并逐步建立起中小微企业融资风险分担机制，探索开展支持中小微企业融资的合作新模式，并持续开展优秀中小微企业信用贷款试点工作，推荐一批有贷款需求的优秀中小、民营企业与商业银行、担保机构、再担保等金融机构对接，提高信用贷款率；还开展了政策性小额贷款保证保险试点，推动"中国青创板"正式落户广州，设立中小微企业金融服务区；除此以外，还加快推进中小微企业基金股权投资，以缓解广州市初创型中小微企业融资困难。对于重点企业，广州市政府支持企业筹集周转资金，防范企业资金链断裂风险传导。对于新型战略型产业，广州市政府通过采取贴息、事后奖补等方式支持企业进行新一轮技术改造，并通过实施企业研究开发事后奖补、开展创新券补助政策试点、共建面向科技企业孵化器的风险补偿金等，支持企业研发创新；对重大科研成果转化实施专项支持，以财政投入引导企业创新链、产业链、资金链的对接。

4.1.6　税费负担

税费负担，是指纳税人因向政府缴纳税款而承担的货币损失或经济福利的牺牲。税收负担的轻重，同国家财政收入的多少、经济调控的力度和政权的兴衰等，都有密切关系。

2016 年，广州国税实现税收收入 3152.2 亿元，同比增长 7.79%，增收 227.9 亿元，广州的国税收入规模在全国主要城市中名列第四。地方可支配收入 491.6 亿元，同比增长 9.53%，为广州经济和社会发展提供了坚实的财力保障。与此同时，广州出台系列税收优惠政策、创新服务体系、深化税收征管改革、加大税收风险控制力度，以降低企业税费负担，助力企业转型升级，规范税收经济秩序。随着政策的落实，广州实现 2016 年全年累计减免税超过 500 亿元，全面推开营改增试点平稳落地，减税红利不断释放。

税收是反映经济的风向标，发挥好税收的职能有利于把握好城市发展方向。从 2015 年广州市的税收情况来看，传统行业的发展情况并不乐观，原油开采、电子、电信、房地产、食品、医药、化工等行业的税收出现不同程度的下滑，汽车制造、商业等行业税收低位运行。可见，广州市税务部门针对现实经济状况，充分发挥税收调节功能，运用税收杠杆对城市经济运行进行了引导和调整。到 2016 年，企业所得税同比增长 6.64%，比上年提高 5.4 个百分点。其中，重点行业盈利状况表现良好并呈现不断改善的状态，全市 16 个重点行业有 11 个实现增长，产能过剩也逐渐被化解。

当前广州市的税务部门正逐步落实"营改增"试点扩围政策，试图将"营改增"范围扩大到生活服务业、建筑业、房地产业、金融业等领域，全面打通企业抵扣链条，并引导企业加强财务核算，用足抵扣政策，确保所有行业的税负均得到减轻，释放企业活力。同时，税收部门全力服务制造业企业发展，支持小微型企业发展。对于相对疲弱需要扶持的企业适当降低增值税税率，以增强其竞争力，进一步贯彻鼓励创新创业、加快转型升级、支持高新技术产业发展等一系列税收优惠政策。此外，广州税务部门从企业长远发展的角度出发，将征税环节更多地转移到消费环节，以促进企业税负平衡。除此以外，税务部门正逐步将金融业、软件和信息技术服务业等新兴产业发展成为主体税种，同时，加强对这些行业的扶持，以促进广州经济转型升级，提高经济运行效率。

4.1.7 制度性交易成本

制度性交易成本，是指因政府的各种制度工具所带来的成本，如各种税费、融资成本、交易成本等。近几年来，国务院部门和地方政府取消和调整了大批行政审批、投资核准、资质资格认定等事项，广州在此基础上大力推进行政制度便利化，大力精简审批事项。在缓解"办事难、办事贵"问题的过程中，着力建设市场化、国际化、法治化的营商环境。

广州是行政透明度最高的城市之一，曾多次被评为全国财政透明度第一的城市。早在 2012 年，广州市政府就建立了常务会议即时新闻发布和每月一次市领导新闻发布会制度，定期发布和讲解市政府的公共政策。2013 年，在梳理职权依据的基础上，市、区两级政府全面实行政府权责清单管理，编制了市、区两级政府的权力清单并向社会公布，成为国内最早公布政府权力清单的城市。通过不断厘清政府和市场的边界，凸显企业主体地位。

2015 年，广州出台《广州市建设市场化国际化法治化营商环境三年行动方案（2015～2017 年）》，通过季度督办、年中对账、年底总结，逐项推动各项工作的落实。其包括四个方面的内容：一是高效的政务环境，二是竞争有序的市场环境，三是合作共赢的开放环境，四是充满活力的创新创业环境。此举既发挥了政府投资的引导作用和杠杆作用，又促进了市场活而有序。

营造稳定公平透明的营商环境，优化招商引资服务、激发企业经济活力无疑是重要环节。目前，企业在制度性交易成本中的负担依旧不可忽视，需要广州市政府进一步深化简政放权、放管结合、优化服务的改革。这就要求相关部门明确权责，提高行政部门办事效率，健全审批制度，完善服务体系。取消和调整一批制约经济发展、束缚企业活力和创造力的行政审批事项，更好地向市场和社会放权。同时，政府要进一步健全企业投资项目核准、备案、监督管理等规章制度，最大限度精简办事程序，减少办事环节，确保集成服务改革提速提质。对直接面向基层、量大面广、由基层实施更方便有效的审批事项，依法下放或委托更多事项给基层政府实施。同时，还需要对已公布的市级行政审批备案事项目录进行动态调整，提高企业办事效率。

除此以外，需要完善和创新市场准入机制，明确企业的投资主体地位，厘清政府与市场的边界，提高投资有效性。在基础建设、公用事业等重点领域向社会资本开放，发挥政府投资的引导作用和杠杆作用，公开市场准入标准和优惠扶持政策，推出一批民生公共服务、基础设施项目向社会资本开放，鼓励非公有资本进入医疗、养老、教育、交通等公共服务领域，逐步实现公共资源交易全过程电子化，提高市场运行的效率和效益。

总体来看，广州市降低企业制度性交易成本的举措成效日渐凸显，市场活力不断增强，城市吸引力、创造力和竞争力也日益增强。

4.2 企业申办

近年来，广州市政府持续优化工商服务，提升商事登记效率。2013 年 9 月，广州市政府开始在广州珠江新城商务区、中新广州知识城、广州经济技术开发区、广州南沙新区等六大试点区域实行新的商事登记制度，并于 2014 年 1 月 1 日起，在全市开始实行商事登记制度改革，全面实行"零首付开公司、先证后照、一址多照"的政策。在 2015 年 9 月 1 日，更是全面实施了"三证合一、一照一码"登记模式。即申请人只需到工商部门填写"一份表格"，向"一个窗口"提交"一套资料"，经工商部门核准后，即可领取加载统一社会信用代码的新版营业执照，无须再另行申领组织机构代码证和税务登记证。"三证合一、一照一码"简化了登记程序，让申办企业的用时从 20 个工作日（办理 4 个证照）大幅缩短至 3 个工作日，提速 85%。同时，相关部门间信息共享，为下一步构建社会信用体系、强化事中事后监管夯实了基础，同时对于激发大众创新创业及改善营商环境有重要意义。数据显示，2014 年、2015 年、2016 年广州新登记商事主体同比增长 28%、11%、18%。截至 2017 年 8 月底，全市实有商事主体 165.7 万户；每千人拥有企业 68 户，是全省每千人拥有企业 34 户的 2 倍；外资企业的数量也在激增，全市新登记外商投资企业（含分支机构）2727 户，同比增长超四成，在穗投资的世界 500 强企业也接近 300 家。

与国内其他中心城市申办企业的便捷程度相比，如表 4 - 26 所示，广州较早改革商事登记制度，其企业申办便捷度和效率都比较高，这也说明了广州具有更大的包容性，能为创业者设身处地提供宜商政策，在不断地改革中打造高效便捷的营商环境。同时，这也说明了广州近年不断深化的"放管服"改革愈见成效，营商软环境和市场活力不断提升。

南沙企业开办便利度提升正是广州的一个缩影。近年来南沙区主动放宽企业准入条件，推出企业信用承诺制、企业名称自主申报、住所（经营场所）自主承诺申报制、经营范围申报备案制、"多证合一"登记、全程电子化商事登记、企业"容缺登记"制度、重点企业绿色通道跟踪服务制等改革，企业开办越来越便利。数据显示，2017 年 1～10 月南沙区新增企业超过 1.7 万户，同比增长逾五成，截至 2017 年 10 月底，南沙区登记市场主体数已达到 80368 户。

另外，广州正在开展进一步放宽商事主体住所（经营场所）条件限制的改革与探索，实行企业名称自主申报，推行电子营业执照，推进工商登记全程电子化，全面实施"多证合一、一照一码"登记制度。

表 4-26 2015 年"三证合一、一照一码"登记制度改革后样本
城市申办企业情况

城市	申办企业用时	申办企业步骤
广州 （2015 年 9 月 1 日起）	3 天	● 网上预约 - 窗口递交材料 - 部门资料初审 - 通过审核后取号等候 - 窗口受理 - 后台审批 - 出照
北京 （2015 年 10 月 1 日起）	7 天	● 填写申请表 - 提交登记材料 - 窗口受理 - 相关部门办理审批和登记 - 出照
上海 （2015 年 10 月 1 日起）	5 天	● 网上填报申请开业登记信息 - 网上预审 - 企业提交书式材料 - 相关部门办理审批和登记 - 出照
深圳 （2015 年 7 月 1 日起）	5 天	● 网上申请 - 网上审批 - 网上发照 - 电子存档
天津 （2015 年 3 月 23 日起）	1 天	● 企业提交书式材料 - 相关部门办理审批和登记 - 出照

4.3 法人和产业活动

法人和产业活动是一地区市场活力、经济运行质量效益的体现，是检验一地区营商环境能否应对各种经济形势、能否促使经济在新常态下平稳向上运行的重要体现。

4.3.1 内资企业基本情况

如图 4 - 41 所示，在北京、上海、广州、深圳几个中心城市中，广州市的内资企业数量呈平稳上升的趋势，截至 2016 年广州的内资企业数量为3190 个，但在四个中心城市中排名依然比较靠后。上海为内资企业数量最多的城市，且在数量上与其他中心城市拉开了较大的差距，具有明显优势；而深圳从 2013 年至 2016 年内资企业数量上升较快，逐步和广州拉开了较大差距。

图 4 - 41　2011～2016 年样本城市内资企业个数

如图 4 - 42 所示，广州的内资企业工业总产值在一线城市中最低，与其他一线城市的差距较大，虽然广州的内资企业工业总产值每年都能平稳上升，但是上升幅度不大。深圳的内资企业工业总产值保持着持续上升的态势，从 2011～2015 年实现了较大的提升。而上海和北京的内资企业工业总产值在近年来呈现平稳浮动的状态，但依然和广州拉开较大差距。

近年来，广州加大招商、引资、引技、引智力度，积极推进工商制度改革，公司登记前置审批事项大幅减少，"多证合一、一照一码"登记制度普遍实施，内资企业获得了较快的发展，尤其是跨境电商连续实现跨越性发展。以国际航运枢纽、国际航空枢纽和国际科技创新枢纽为目标的国际航运中心、物流中心、贸易中心、现代金融服务体系和国家创新中心城市建设稳步推进，广州的内资企业数量和产值也呈上升状态。但客观来看，

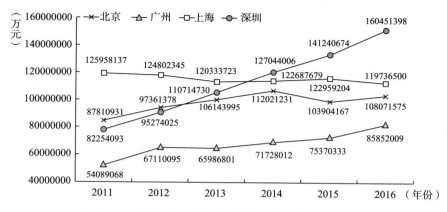

图 4 - 42　2011～2016 年样本城市内资企业工业总产值

广州的内资企业无论从数量还是产值，抑或是从发展速度来看，广州与其他中心城市仍旧有一定差距。

4.3.2　私营企业基本情况

如图 4 - 43 所示，广州市的私营企业数量在一线城市行列中排位较后，数量上与上海仍有较大的距离。深圳的发展势头迅猛，广州与深圳间的差距越来越大。

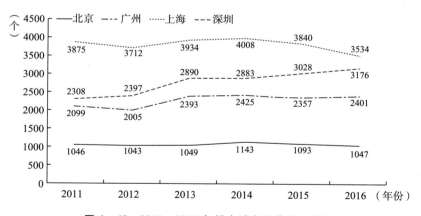

图 4 - 43　2011～2016 年样本城市私营企业个数

如图 4 - 44、图 4 - 45 所示，广州的城镇私营企业和个体就业人员数量保持比较平稳的发展，但与同样平稳发展的深圳一直存在着差距。北京和上海在 2013 年后城镇私营企业和个体就业人员数量增长相当迅速。

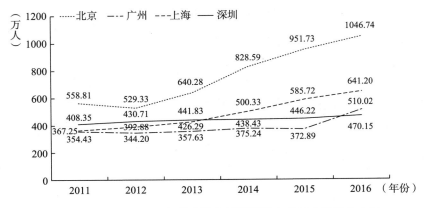

图 4-44　2011~2016 年样本城市城镇私营企业和个体就业人员

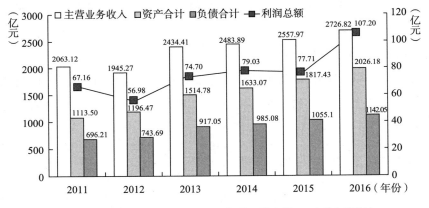

图 4-45　2011~2016 年广州私营企业基本情况 (财务指标)

　　总体来看,广州经济总体发展情况良好,这主要归功于第三产业和第二产业的快速发展。广州市的第三产业发展迅速,租赁和商务服务业、金融业以及信息传输、软件和信息技术服务业等生产性服务业投资增长快,利润的增长也相当迅速。同时,广州市的工业结构逐步向高端化发展,尤其是汽车制造业、化学原料和化学制品制造业、电力热力生产和供应业增长迅速。另外,民间固定资产投资增加成为第二产业重要的内生动力,因此工业企业在经济下行压力下实现扭亏为盈、亏损面收窄。

4.3.3　规模以上工业企业的总体情况

　　如表 4-27 所示,规模以上工业企业的发展状况总体平稳。规模以上工业企业数量和利润总额在 2011 年到 2016 年间较平稳，偶有波动。但是规模以上工业总产值、流动资产、固定资产保持连续上升态势。主要原因在于产业结构进一步优化，创新驱动力提升，社会固定资产投资增加；工业企业在经历了经济下行的大环境后，在技术创新的驱动下，开启了新一轮的经济增长周期，企业利润也逐步提升。

表 4 – 27　2011～2016 年广州规模以上工业企业总体情况

年份 指标	2011	2012	2013	2014	2015	2016
规模以上工业企业数（个）	4437	4373	4812	4774	4650	4662
规模以上工业总产值 （当年价，亿元）	15712.71	16066.43	17198.72	18193.55	18684.22	19570.43
本年应交增值税（亿元）	454.5	435.42	512.55	488.29	538.68	517.74
利润总额（亿元）	958.53	825.6	1105.38	1087.97	1098.57	1231.64
流动资产合计（亿元）	6517.93	6459.36	7412.94	7476.5	8040.85	8818.82
固定资产合计（亿元）	3471.41	3407.47	3705.62	5078.96	7652.33	7852.56
主营业务税金及附加（亿元）	321.6	328.73	365.19	365.53	386.6	378.8

注：规模以上工业企业数，1999～2008 年为限额以上工业企业。

4.4　公共服务和卫生环境

广州在民生领域的投入持续增加，财政支出有力保障民生支出。如图 4 – 46 所示，城镇职工基本养老保险参保人数及失业保险参保人数逐年增加。2015 年，广州全市实现了城镇居民医疗保险、新型农村合作医疗与城乡居民医疗保险合并为统一的城乡居民医疗保险，在整合上述三个险种的过程中，清理了重复参保的人员，因此城镇基本医疗保险参保人数增长有所减缓。广州公共服务保障水平的提升和保障体系的完善，有利于带动和激活基本公共服务均等化，进一步为经济的发展夯实基础。

广州一直致力于营造干净整洁、平安有序的城市环境，不断加大发展绿色经济的力度，为企业发展提供优质的营商环境。如表 4 – 28 所示，广州对于环境质量的把控愈加严格，对于环境的保护成效也愈加明显。广州通

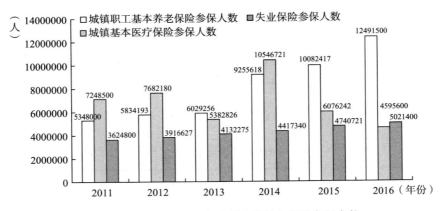

图 4-46　2011~2016 年广州三类社会保险参保人数

过资金和政策扶持绿色产业发展，通过培育绿色企业打造新产业、新业态、新模式，充分发挥市场对资源配置的决定性作用，通过绿色产业集聚推动广州经济转型升级。除此以外，广州还在 2013 年底启动碳交易试点，让公众的低碳行为以碳积分的形式价值化，"绿色金融"也逐步发展起来。

表 4-28　2013~2015 年广州废气、废水、废物处理情况

年份 指标	2013	2014	2015
工业废水排放量（万吨）	22558	19181	18608
工业二氧化硫排放量（吨）	63331	56527	47846
工业二氧化硫产生量（吨）	445344	442516	436882
工业烟（粉）尘去除量（吨）	3114074	3119780	3115823
工业烟（粉）尘排放量（吨）	11008	10006	9227
工业固体废物综合利用率（%）	95.17	94.47	95.15
污水处理厂集中处理率（%）	91.38	98.72	92.09
工业废水排放量（万吨）	22558	19181	18608

5　企业发展环境

企业经过了初创期，成长期的发展是至关重要的，这段时期关乎企业

能否到达顶峰，更加注重企业周围的金融以及法治环境。本节主要就整个城市的批发和零售业商品销售数据、政府对企业征收的税金、社会融资以及证券市场情况来体现各大城市的营商环境水平。

5.1 批发业和零售业商品销售总额

如图4-47、图4-48所示，2016年广州市主动适应对外开放和消费升级形势，推动商务经济不断优化和升级，全年市级共实现批发业商品销售总额79766.65亿元，仅次于北京和上海，也是继2014年低迷后的再度增长。从增长趋势上看，北京增势乏力，上海增长势头较足，广州则属于稳步整长状态。

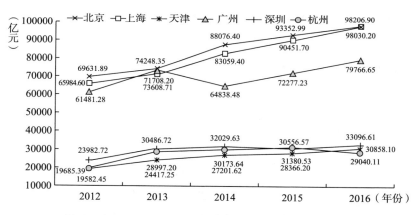

图4-47 2012~2016年样本城市批发业商品销售总额

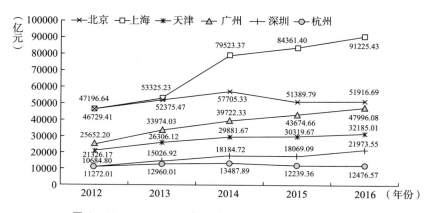

图4-48 2012~2016年样本城市零售业商品销售总额

5.2 税收

由于行政区的划分，当前主流数据分析对税收方面的比较以对省级行政区单位进行对比为主。笔者对北京、上海、天津、广东几个行政区的税收情况进行了比较，其中广东包括了广州和深圳。如图4-49、图4-50、图4-51所示，从整体趋势上看，国内增值税、营业税、企业税呈上升趋势；通过对省份的横向对比，上海的税收是最高的，也不难反映出上海具有相当成熟的商业。从税负水平上看，广州相对较低。另外，广州开办企业、执行合同、财产登记的成本都很低。广州执行合同耗时天数少，执行速度位列全国第二。

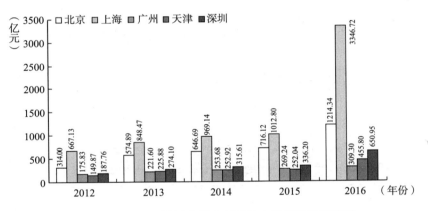

图 4-49　2012～2016年样本城市地方财政国内增值税

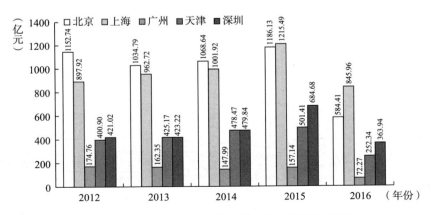

图 4-50　2012～2016年样本城市地方财政营业税

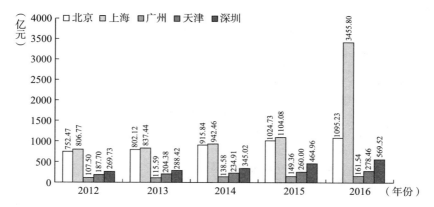

图 4 - 51　2012～2016 年样本城市地方财政企业所得税

5.3　政策推进

2018 年初，国家出台了关于扩大对外开放、积极利用外资的若干措施，推出了"开发区 23 条"，迅速引爆全国各个地市的招商热情（见表 4 - 29）。广州市黄埔区、广州开发区率先进行政策创新，审批环节做减法，企业服务做加法，创建广州国际科技创新枢纽核心区，全力打造最优营商环境，率先颁布"黄金十条"，面向全球招揽"黄金项目"。例如"新入驻企业可以三年内实现区级经济贡献的百分百返还"等政策，优惠力度之大可见一斑，又设立项目落户奖、经营贡献奖等六大奖项，这与过往相比，支持力度几乎翻倍。同时，做好职能的加减法，全力吸引优质项目。

表 4 - 29　样本城市营商环境政策

	具体内容
广州四个 "黄金十条"	重奖大型企业，重奖高端项目，重奖高管人才，提高见面礼，重奖企业增长，重奖高成长企业，重奖企业上市，重奖区内企业合作，重奖高新技术企业，扩大配套资金范围
北京 26 项改革	一、投资环境：深化外资企业"一窗受理"改革，放宽市场准入门槛； 二、贸易环境：全年出口平均查验率控制在 2% 以内，在交通枢纽等条件成熟场所试点建设城市候机楼，推动在市区设立跨境电商体验店； 三、人才发展环境：开通"绿色通道"，修订人才引进政策标准； 四、生产经营环境：分行业研究出台促进高精尖产业发展的政策，优化经营环境； 五、法治环境：建立健全企业经营法治规范，加大对知识产权侵权违法行为处罚力度

续表

	具体内容
上海 28 项措施	第一方面，打造便捷办税体系，缩短办税时长； 第二方面，打造集约办税体系，减少准备时长； 第三方面，打造协同共治体系，简化办税流程； 第四方面，打造智慧办税体系，提高办税效能； 第五方面，打造公平公正执法体系，优化办税环境
津八条	一、依法保护企业家财产权； 二、依法保护企业家自主经营权； 三、促进企业家公平竞争诚信经营； 四、激发企业家创新创业活力； 五、完善企业家激励机制； 六、弘扬优秀企业家精神； 七、优化对企业家的服务； 八、培育优秀企业家队伍
深圳 20 项改革措施	营造更加开放的贸易投资环境。从打造国际一流投资环境、突出深港金融合作、推进国际贸易便利化改革、推进通关监管改革四个方面，提出了 30 个政策点。 营造综合成本适宜的产业发展环境。从优化产业空间资源配置、全方位降低企业运营成本、降低企业税费负担、缓解"融资难、融资贵"、提供更全面的创新支持五个方面，提出了 35 个政策点。 营造更具吸引力的人才发展环境。从实施更优惠的人才住房政策、为海外人才提供更优质的公共服务、提高外籍人才签证和工作便利度三个方面提出了 16 个政策点。 营造更加高效透明的政务环境。从推进更深层次政务服务管理改革、打造信用建设示范城市两个方面，提出了 7 个政策点。 营造更美丽更宜居的绿色发展环境。从打造"美丽中国"典范城市、全面提升城市国际化品质两个方面，提出了 19 个政策点。 营造公平公正的法治环境。从实施最严格知识产权保护、打造知识产权强国建设高地、建立更加规范的涉企执法制度三个方面，提出了 19 个政策点

同时，为营造企业家创业发展良好环境，弘扬优秀企业家精神，进一步树立"产业第一、企业家老大"理念，更好发挥企业家作用，天津出台了《关于营造企业家创业发展良好环境的规定》（简称"津八条"），包含了大量的具体措施。有了这些利好政策，天津将努力营造企业家创业发展的良好环境，成为企业家真正的"家"，"津八条"主要是围绕企业的创新保护方面进行。

《上海市进一步优化电力接入营商环境实施办法（试行）》正式发布实施，对流程进行了大刀阔斧的改革，明确了各个环节牵头协调的政府部门，做到审批环节有时限、问题解决有归属。

北京则颁布了《关于率先行动改革优化营商环境实施方案》,将从投资、贸易、生产经营、人才发展、法治五大方面,陆续推出 26 项改革新政,着力加大北京市营商环境改革力度。

深圳市已印发《关于加大营商环境改革力度的若干措施》,推出 20 项改革措施 126 个政策点,努力营造服务效率高、管理规范、市场最具活力、综合成本最佳的国际一流营商环境。

从具体内容中可以看出,各大城市颁布关于优化营商环境政策的侧重点各不相同。广州以开发区为着力点颁布相关政策。北京主要是投资、贸易、生产经营、人才发展、法治五大方面,较为全面。上海主要是解决企业审批过程中的时限问题。天津侧重于企业的创新保护方面。深圳则重点推进自贸区改革试点、通关改革、深化商事制度改革、建筑工程审批制度改革、保障产业空间、降低企业成本、依法实施最严格的知识产权保护、完善社会信用体系、创新人才公共服务等方面的营商环境改革工作。

5.4　上市公司数量

处于成熟期的企业,由于经营风险相应降低,公司开始可以承担中等财务风险。只要负债筹资导致的财务风险增加不会产生很高的总体风险,企业保持一个相对合理的资本结构,负债筹资就会为企业带来财务杠杆利益,同时提高权益资本的收益率。此时企业对融资的需求迫切,如果企业所在地拥有良好的融资环境和证券市场环境,便能吸引企业上市后仍然留在当地经营或至少把总部留在当地,继续为当地经济作贡献。因此,企业融资环境是地区营商环境中的重要一环。

上市公司数量持续上升,但仍然落后于北上深(见图 4 - 52)。2015年,广州市共有 7 家企业发行 A 股上市,104 家企业在"新三板"挂牌,上市公司通过定向增发、发行公司债券、配投等方式实施再融资 44 家次,"新三板"挂牌企业实施定向增发 88 家次,累计募集资金 1436 亿元。截至2015 年底,广州市上市公司总数达 115 家,总市值 2.36 万亿元;"新三板"

挂牌企业 146 家，总市值 410 亿元；广州投权交易中心挂牌企业 2994 家。

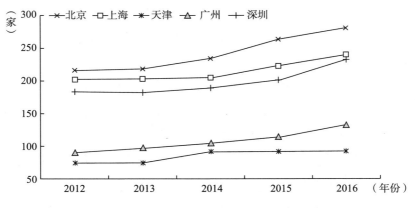

图 4 - 52　2012 ~ 2016 年样本城市上市公司数量

但对比其他一线城市，在地区上市公司数量方面广州仍然处于"拖后腿"的尴尬地位，只比准一线城市天津稍微强一点，这说明广州亟须投入更多去打造良好的企业上市环境，筑巢引凤，以提高广州的营商环境水平。

5.5　社会融资规模

地区社会融资规模突破 4000 亿元，直接融资占比有所提高。2015 年广州地区社会融资规模突破 4000 亿元，达 4047.17 亿元，而 2014 年为 3767.19 亿元。2015 年本外币贷款 2355.51 亿元，占地区社会融资规模的比重为 58.2%，可以看出间接融资仍占主流。但企业债券融资和非金融企业境内股票融资合计 1360.08 亿元，较上年同期增加 420.67 亿元；占地区社会融资规模的比重达 33.60%，较上年同期提高 8.67 个百分点，直接融资占比相较上年已经有所提升。

5.6　中小微企业信贷

中小微企业信贷投放快速增长，新增贷款超过大型企业。2015 年，广州市银行业机构优化信贷结构，信贷投放快速增长。截至年末，广州中外资银行业机构中小微企业本外币贷款余额 8957 亿元，同比增长 3.7%，占全部企业贷款余额的比重为 59.3%，比年初新增 540.5 亿元，占全部企业新增贷款的 56.4%，超过大型企业新增贷款规模。而从经营主体上看，中型、小型和微型企业贷款分别比年初增加 198.2 亿元、302.2 亿元和 40.1 亿元，所占比重分别为 20.7%、31.5% 和 4.2%。在信贷资金的有力支持下，企业资金周转情况稳中向好。

5.7 中小微企业的贷款来源

中小微企业贷款仍主要来源于银行，地方法人金融机构支持力度加大。2015 年末，广州中资全国性大型银行新增中小微企业本外币贷款余额 263.8 亿元，在各金融机构中占比 40.2%，高于其他金融机构。中资全国性中小型银行新增贷款 158.8 亿元，占比 24.2%。以地方法人金融机构为主的中资区域性中小型银行中小微企业贷款保持较快增长，比年初新增 178 亿元，在各金融机构中占比为 27.1%，对中小微企业发展提供了有力支持。

5.8 银行业金融机构经营情况

5.8.1 从业人员

银行业金融机构从业人员持续增加，资产规模继续扩大。如表 4 – 30 所示，截至 2015 年末，广州银行业金融机构共有机构网点 2815 个，比上年同期增加 161 个；广州银行业金融机构共有从业人员 81908 人，比上年增加 882 人。其中，国有商业银行的机构网点总数 1323 个，占银行业机构总数的 47.00%，从业人员 37766 人，占 46.11%。

表 4 – 30　2015 年广州金融机构和人员统计

单位：个，人

类目	网点总数	法人机构数	从业人员数
国有商业银行	1323	0	37766
城市商业银行	129	1	3811
农村商业银行	637	1	8012
农村信用社	0	1	702
邮政储蓄银行	211	0	3419

类目	网点总数	法人机构数	从业人员数
外资银行	78	0	2875
财务公司	5	6	255
信托投资公司	0	2	196
资产管理公司	4	0	340
其他	428	9	24532
合计	2815	20	81908

5.8.2 资产规模

截至 2015 年末，广州银行业金融机构资产总额 62546.71 亿元，比上年同期增长 14.78%。其中，国有银行资产总量 21239.82 亿元，占广州地区银行业金融机构总资产的 33.96%；股份制银行资产总量 22804.95 亿元，占 36.46%。

5.9 证券市场的体量

证券市场体量稳步扩大。截至 2015 年底，广州地区共有证券公司 3 家、证券公司分公司 23 家、营业部 259 家；3 家证券公司总资产和净资产分别为 4463.18 亿元和 906.75 亿元，同比分别增长 72% 和 94.9%；股东账户数 946.45 万户，全年代理证券交易额 21.7 万亿元，同比分别增长 43.9% 和 192.8%。

5.10 期货市场经营情况

期货市场快速发展，上升空间还有很大。截至 2015 年底，注册地在广州的期货公司共有 6 家，约占全国期货公司数量的 3.9%；期货营业部共有 45 家，约占全国营业部数量的 2.8%。2015 年广州市期货公司代理成交量和成交额分别为 4.41 亿手和 68.41 万亿元，分别同比增长 41% 和 76%，约占全国总量的 6.17% 和 6.18%。广州市期货公司客户保证金余额 287.46 亿元，比上年增长 82%，共有投资者 16.86 万户，比上年增长 32%。从客户结构来看，广州市期货公司法人客户数量占客户总数的 3.32%，1000 万元以上客户权益占总客户权益的 72.49%，比上年增长近 20 个百分点。

5.11 融资租赁业发展态势

融资租赁业发展势头良好。截至 2015 年底，全市累计共有各类融资租赁企业 166 家，较 2013 年底增长了 2.1 倍，其中金融租赁企业 1 家、非金融系租赁企业中内资试点融资租赁企业 4 家、外商投资融资租赁企业 161 家，约占全国企业总数的 4%；全市各类融资租赁企业注册资金约合 713.1 亿元，约占全国注册资金的 5%。

5.12 小额贷款公司发展状况

小额贷款公司发展平稳。截至 2015 年底，广州市有 75 家小额贷款公司，注册资本合计 152.5 亿元，当年累计贷款笔数为 7288 笔，累计新增投放金额 107.1 亿元，贷款余额 147.12 亿元，净利润 5.07 亿元，税收 2.62 亿元，资本回报率从 -7.24% 到 19.62% 不等，从业人员共计 1660 余人。

5.13 融资担保行业发展情况

融资担保行业整体规模略有下降。截至 2015 年末，广州融资性担保行业共有机构 48 家，比上年少了 6 家。其中，法人机构 46 家，外地融资担保机构在广州市设立分支机构 2 家。在法人机构中，国有控股 2 家，外资控股 4 家，民营控股 40 家。另外，新设国有参股融资担保公司 1 家。全行业累计在保余额 289 亿元，同比上升 85%；融资性在保余额 88 亿元，同比下降 22%。

5.14 股权交易中心发展态势

股权交易中心发展良好。截至 2015 年底，中心挂牌企业 2994 家。15 家挂牌企业已转板全国股转系统。39 家停牌待转。会员单位 291 家，其中，推荐机构会员 110 家，包括 11 家银行、14 家券商和 56 家投资公司；专业服务机构会员 136 家，包括 65 家律师事务所、40 家会计师事务所和 17 家资产评估公司;自营会员 45 家。实现融资和流转交易总额 111.66 亿元。其中,75 家企业实现增资扩股 8.81 亿元;68 家企业通过股权质押等方式融资 10.84 亿元;9 家企业通过知识产权质押融资 6300 万元;42 家企业通过私募债券融资 37.07 亿元;小贷资产收益权备案发行 47 笔,累计融资 7.45 亿元;完成 1 家企业资产收益权转让 500 万元;完成理财计划发行 2 笔 2.79 亿元;青创板融资额 16 笔,金额 4100 万元;流转交易额 43.61 亿元。从可比市场数据来看,广州股权交易中心的各项指标均位于全国 34 家区域性股权市场前列。

6 国际化环境

改革开放是实现繁荣的必经之路,国际化是中心城市发展的必然趋势,也是营商环境最吸引企业落地经营的一个原因。一个城市优质的营商环境会给这座城市带来源源不断的外资以及优质项目,而衡量一个城市国际化的指标比较简单,主要是外商直接投资额。

如图 4-53、图 4-54 所示,在对外经济合作方面,主要通过合同额和完成营业额来表现城市之间的状况,在合同额方面,总体上来看是上海独占鳌头,这也是国际魔都的魅力,强大的对外吸引力,带来了巨额合同额;

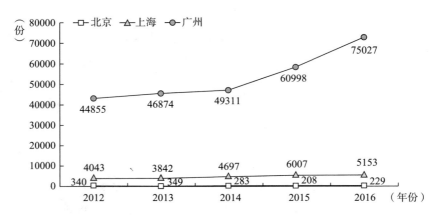

图 4-53 2012~2016 年北上广对外经济合作合同数

但是后来居上的天津之类的新兴城市带走了大量订单，累积的合同额越来越多，从图 4 – 54 中不难看出，天津的对外合同额与北京对外合同额成正比，从侧面反映了北京对天津的扩散效应。从合同份数上看，广州从 2012 年的 44855 份增长到 2016 年的 75027 份，近年来有较大的增长，其合同份数更是北京和上海的 10 余倍。

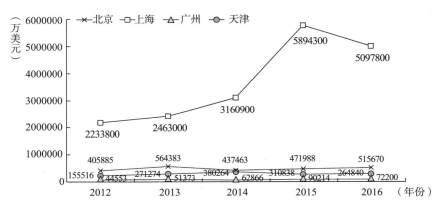

图 4 – 54　2012～2016 年样本城市对外经济合作合同额

如表 4 – 31、图 4 – 55 所示，从外商直接投资上看，上海一直保持着比较稳定的增长趋势，总体上总量是第一，北京虽然近年来和上海有一定差距，但在 2016 年以 130 亿美元拉近与上海的距离，杭州、深圳、广州总体外商投资在 60 亿美元上下浮动。值得关注的是天津，从 2013 年起一度超过上海成为外商直接投资额第一，但在 2016 年外商直接投资额直线下降，位居上海与北京之后，天津需要加快推进相关政策以稳定投资者信心。从城市之间的投资额上看，广州、深圳等城市垫底，外商直接投资更加青睐上海、北京、天津，这主要有赖于这些城市实行的深化改革开放政策。作为改革开放排头兵的上海，在扩大开放方面就出台了很多重磅方案，如《上海市贯彻落实国家进一步扩大开放重大举措加快建立开放型经济新体制行动方案》（简称"扩大开放 100 条"），涵盖金融、产业、知识产权保护等 5 个方面 100 条举措，对上海下一步扩大开放做出了具体部署。其特点是落地速度快、操作性强以及开放领域水平高。除了投资领域还包括营商环境建设等，既在硬件上开放，更在软环境上对外开放。除了上海颁布的"扩大开放 100 条"，我国近年来改革开放的力度越来越大，《关于促进外资增长若干措施的通知》、《关于扩大进口促进对外贸易平衡发展的意见》、《外商投资准入特别管理措施（负面清单）》（2018 年版）等文件陆续出台。近年来，广州对外开放水平也有显著的提高，比如《财富》全球论坛、世界航线发展大会等国际盛会的主场就在广州，市委市政府率团参加达沃斯论坛、博鳌亚洲论坛。改革开放带来了经济发展，不仅城市的国际知名度上升，还吸引了一批重大项目落户。广州正着力建设国际大都市，着力建设粤港澳大湾区，打造一流的营商环境，面向世界展开臂膀，吸引企业、人才、技术来广州共创财富。

表 4-31　2012～2016 年样本城市外商直接投资额

单位：亿美元

年份 城市	2012	2013	2014	2015	2016
北京	80.42	85.24	90.41	129.96	130.29
上海	151.85	167.80	181.66	184.59	185.14
广州	45.75	48.02	51.07	54.16	57.01
深圳	52.29	54.68	58.05	64.97	67.32
天津	150.12	168.29	188.67	211.34	101.00
杭州	49.60	52.76	63.35	71.13	72.09

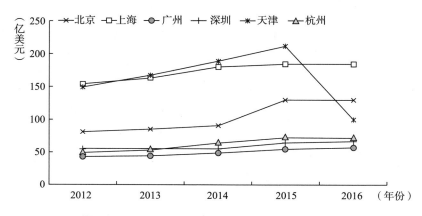

图 4-55　2012～2016 年样本城市外商直接投资额

当前，国际经济形势复杂多变，环境不确定性增加。在这种情况下，更应该完善扩大改革开放的相关政策，做到高水平的开放。在开放的环境下发挥市场的主导作用，通过广泛的国内外合作，重视和保护知识产权，促进制造业、服务业的创新能力和供给能力的提高。在这一过程中，很多国际机构和企业参与其中，共享中国发展成果，这是一个双赢的过程。在扩大开放方面，每个城市实际情况有差异，没有固定的条文或规范，但需要各地城市政府打破枷锁，勇于扩大开放，实现高水平的开放最主要的是要打造更好的营商环境。

7 法治环境

有效解决纠纷的方法有很多。法院对企业家至关重要的原因在于，他们解释了市场的规则并保护了经济权利。高效和透明的法庭鼓励新企业走法律程序，一旦知道新客户不能支付，他们可以借助法律维护企业合法利益。公正、高效的审判对于中小企业来说是至关重要的，因为中小企业可能缺乏在漫长等待法庭裁决纠纷的同时继续经营的资源。因而，创造一个高效的审判环境能帮助企业迅速摆脱纠纷问题，将运营中心重新回到经济发展上。

7.1 商业纠纷处理情况

保障合同执行、加快商务合同纠纷解决效率，是推进市场交易安全、维护市场秩序的基本要求。2014 年，我国通过修改《中华人民共和国民事诉讼法》来简化和加速所有法庭诉讼程序，进一步降低制度性交易成本，提升合同执行效率。《2017 年全球营商环境报告》显示，我国在企业纠纷指标方面合同执行（DTF 得分）为 77.98，排名第五，整体效率与日本（65.26）、美国（72.61）相当（见表 4-32）。其中纠纷解决成本还低于美国、日本等发达国家。但解决纠纷耗时、司法程序质量相对偏低表明未来要改善我国营商环境，必须提升商务司法的效率与质量。

表4-32 企业纠纷指标分析

指标	中国	北京	上海	印度	日本	俄罗斯	美国
合同执行（DTF得分）	77.98	80.08	75.41	35.19	65.26	74.96	72.61
解决商业纠纷时间（日）	452.8	406.0	510.0	1420	360	337	420
解决商业纠纷成本（%）	16.2	15.1	17.5	39.6	23.4	16.5	30.5
司法程序的质量指数（0~18）	14.3	14.5	14.0	9	7.5	11	13.8

依法开展民商事案件审判，服务经济社会发展。从图4-56中，我们能看到广州受理民商事案件从2014年开始逐年增长，尤其在2017年，实现高增长，受理数远超其余四城，受理案件数达644134件。而劳动合同纠纷案件的趋势略有不同，虽从表4-33、图4-57上看，从2013年起劳动合同纠纷就呈上升的趋势，但2015年与2016年有所回落，劳动合同纠纷案件减少，企业在经营环节更加顺畅。从城市间的比较上看，上海的劳动合同纠纷案件基数较大，与其他一线城市的案件纠纷数量并不在同一个量级，其次劳动合同纠纷数量居第二的是深圳，深圳作为一个外来人口巨大的城市，依托改革开放的春风，城市更加年轻有活力，越来越多企业在深圳发展，也会在运营过程中与劳务人员产生劳动合同纠纷案件。广州总体趋势与深圳差不多，纠纷数量从2015年就开始下降，下降幅度比深圳更大，说明广州的改革措施是行之有效的。近年来，广州不断改革创新，采取推进审判

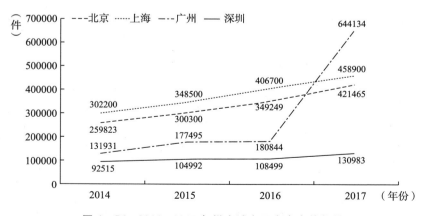

图4-56 2014~2017年样本城市民商事案件数量

辅助人员管理的改革,通过制定《审判辅助人员管理改革方案》及配套办法,推进辅助人员职业化、规范化建设,保障法官专注"审"与"判",提升整体办案效能,降低解决纠纷所需时间成本。

表 4 – 33 2012~2016 年样本城市劳动合同纠纷案件

单位:件

年份 城市	2012	2013	2014	2015	2016
北京	108	353	721	464	586
上海	6870	7090	9706	11722	11211
广州	308	711	2392	1665	836
深圳	1288	1494	3158	2663	2870
天津	4	89	1040	1442	1601
杭州	574	595	1032	1177	1356
成都	173	519	532	958	1692

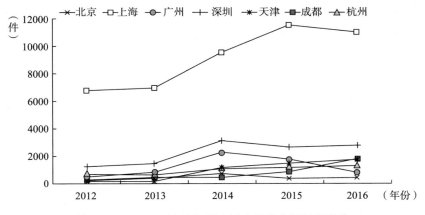

图 4 – 57 2012~2016 年样本城市劳动合同纠纷案件

为了优化广州的营商环境,妥善审理证券虚假陈述纠纷、金融衍生品纠纷等新型案件,市中院设立了金融审判庭,集中审判银行、借贷、证券、保险、期货、信托等纠纷案件,加强对全市金融审判的业务指导,促进广州市区域金融中心建设,审结金融纠纷案件共有 117971 件,从图 4 – 58 可得知,在样本城市中广州金融纠纷案件数量较多,仅次于上海。可见,广州着实采取了有效的政策措施，维护了市场公平，规范了金融交易秩序，促进了金融业创新发展。

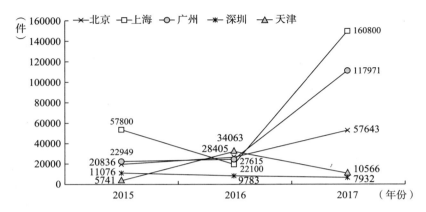

图 4－58 2015～2017 年样本城市金融纠纷案件数量

依法服务"一带一路"建设，营造市场化、法治化、国际化营商环境。由图 4－59 可知，广州在审结涉外涉港澳台纠纷案件数量上有不断上升的趋势，尤其是近两年，数量逐年上升，2016 年、2017 年审结数量均排在第一位，审结此类案件执行效率不断提高。除此之外，市中院为完善涉外商事审判机制，在全国涉外商事审判中率先实施专家陪审和咨询制度，力促涉外涉港澳台纠纷案件公正高效审判。

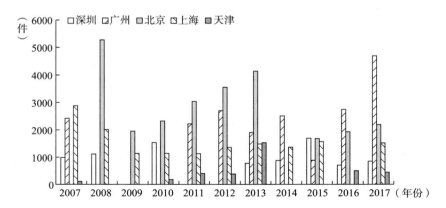

图 4－59 2007～2017 年样本城市涉外港澳台纠纷案件数量

7.2　制度性交易成本情况

制度性交易成本高，受理案件数逐年上升。一个完善的破产制度作为一个过滤器，能够确保经济高效的企业保留继续发展，同时将低效的企业停办重整，重新分配资源。快速和低成本的破产程序帮助企业快速恢复业务正常操作，并且增加债权人的收益。通过破产清算办理流程，债权人和债务人在破产前夕清晰了解账目，一旦形成运转良好的破产系统便可以促进融资渠道，节省更多资源和形成可持续的经济增长。

《2017 年全球营商环境报告》显示（见表 4 - 34），我国破产办理（DTF 得分）为 55.82，排名 53，回收率 36.9，回收时间为 1.7 年，回收成本占房地产比例为 22%，破产法律框架保护指数为 11.5。与美国破产办理（DTF 得分）89.19（排名第 5）、日本 93.34（排名第 2）相比，我国的破产办理程序完善程度与发达国家仍然有着一段距离。如何加速破产办理流程，是改善我国营商环境的重要突破口。

表 4 - 34　样本区域破产流程指标分析

指标	中国	北京	上海	印度	日本	俄罗斯	美国
破产办理（DTF 得分）	55.82	55.82	55.82	32.75	93.34	56.69	89.19
回收率（美分）	36.9	36.9	36.9	26	92.1	38.6	78.6
回收时间（年）	1.7	1.7	1.7	4.3	0.6	2	1.5
回收成本（房地产占比,%）	22	22	22	9	4.2	9	10
破产法律框架的保护指数（0~16）	11.5	11.5	11.5	6	14	11.5	15

2015 年 12 月召开的中央经济工作会议把"去产能"列为 2016 年五大结构性改革任务之首。结构性改革的重点是化解过剩产能，当务之急是处置僵尸企业。僵尸企业长期亏损，无望恢复生气，占用宝贵的信贷、土地资源和市场空间。实现僵尸企业出清，依法为实施市场化破产程序创造条件，加快破产清算案件审理（如图 4 - 60）。

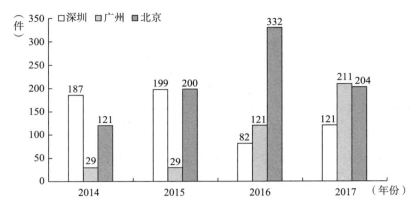

图 4 - 60　2014～2017 年样本城市破产清算案件数量

如何清理经营失败且无法挽救的僵尸企业，是构建公平、合理的营商环境必须要考虑的事项。僵尸企业犹如社会之恶性肿瘤，对其破产切除手术越犹豫拖延，传染的范围就越大，不仅浪费稀缺社会资源，也降低市场效率。加快处理破产清算案件，有利于提升社会资源的配置效率，促进生产要素的优化重组和经济的转型升级。

由图 4 - 61 可知，近年来广州市各级人民法院提升案件审理效率，审结破产清算案件数量明显呈上升趋势，从 2014 年开始，市中院推动成立全国首个破产管理人自治组织，被最高法院指定为破产案件审理方式改革试点法院。2015 年审结广州亚钢、广州亚铜重整案，此两案是中金再生公司系

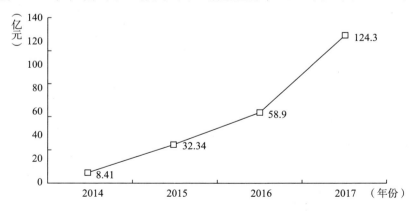

图 4 - 61　2014～2017 年广州市中级人民法院清理企业债务额

列重整案在全国法院系统中最先审结的案件，也是市中院首次采取强行裁定方式批准重整计划的案件。同年，市中院裁定批准重整计划，及时减少了债权人的恐慌，经过公司股权过户，公司又能恢复生产经营活动。为供给侧结构性改革提供有力的司法保障，市中院开启了司法处置"僵尸企业"的快速通道，集中裁定104件国有"僵尸企业"破产及强制清算案件。市中院通过审结破产企业清算案件，清理了企业金额极大的债务，拆除了在经济发展道路上的"地雷"，但是目前处理破产清算案件所需时间成本还是比较大，待处理的"僵尸企业"数量仍然庞大，广州也在探索一个规范化、高效化的破产制度，确保经济持续高效发展。

以自由贸易试验区和开放型经济新体制综合试点建设为抓手，与国际高标准贸易投资规则接轨，形成市场配置资源新机制、经济运行管理新模式，通过向全国复制推广相关经验，完善法治化、国际化、便利化营商环境，极大降低市场主体面临的制度性交易成本，释放制度红利。

上海设立了我国第一个自由贸易区，成功引进了外资。2014年12月，国务院决定设立中国（广东）自由贸易试验区，立足面向港澳台深度融合。为了推动南沙经济发展，吸引外商投资，积极争取支持，推动设立广东自由贸易区南沙片区人民法院。加强商事审判庭、知识产权审判庭和商事调解中心建设，搭建自贸区民商事纠纷立体化多元纠纷解决平台，服务自贸区发展。

过去一段时间，广州主要依靠低成本吸引外资企业。随着城镇化的推进，传统比较优势逐渐消失，外资企业更为注重广州营商环境的法治化、便利化，期望在市场准入、行业竞争、法律实施等方面与内资企业享受平等待遇，希望降低制度性交易成本，以更好开拓内地市场。规则的公平、执法的力度、司法的效率，是构建良好营商法制环境的重要内容，也是降低制度性交易成本的必然要求。建立良好的营商环境来取代要素成本和政策红利，成为广州地区招商引资的新突破点。

8 营商环境对比分析

为了更科学、更直观地测算和比较广州与其他一线城市在营商环境方面的竞争力体现，本节从交通邮电、市场环境、企业发展环境、国际化环境以及法治环境入手，再次建立主成分分析法统计模型，构建城市营商环境竞争力评价指标表（如表4-35），并对该指标表运用主成分分析法，最终经过计算对比得出北京、上海、广州、深圳、天津五个城市在营商环境方面的竞争力排名。

以2012年的数据为例，通过 SPSS 软件对各城市当年经济总量指标进行主成分分析法计算，其他年份的计算步骤相似，在此不再赘述。

首先，我们录入原始数据。

表4-35　2012年样本城市营商环境竞争力评价指标

指标	北京	上海	广州	深圳	天津
金融纠纷案件（件）	91726	24600	11812	14879	0
涉外涉港澳台纠纷案件（件）	4161	1491	1928	782	1543
民商事案件（件）	0	273300	130453	100661	0
工资：在岗职工平均工资（元）	85306	80191	67515	59010	65398
房地产价格：商品房平均销售价格（元/平方米）	17021.63	14061.37	13162.67	19589.82	8217.67
原材料价格：工业生产者购进价格指数	100	94.7	98.4	100	97
私营工业企业单位数（个）	1043	3712	2005	2397	2246
私营工业企业资产总计（亿元）	942.37	3090.51	1196.47	2359.55	1984.78
私营工业企业负债合计（亿元）	529.38	1811.02	743.69	1446.59	1257.62
私营工业企业主营业务收入（亿元）	821.66	3405.79	1945.27	3139.16	3624.46
私营工业企业利润总额（亿元）	49.98	161.03	56.98	138.66	359.65
城镇私营企业和个体就业人员（万人）	529.33	392.88	344.2	430.71	130.69
内资企业数（个）	2767	5407	2615	3063	3673

续表

指标	北京	上海	广州	深圳	天津
内资企业工业总产值（亿元）	9736.14	12480.23	6711.01	9527.40	13886.26
规模以上工业企业数（个）	3692	9772	4373	5835	5342
规模以上工业总产值（当年价，亿元）	15596.21	31896.88	16066.43	21363.05	23427.50
本年应交增值税（万元）	4116161	8563615	4354268	6367613	9032735
利润总额（万元）	12678868	21494233	8256048	11358280	33178222
流动资产合计（亿元）	11554.77	18144.55	6459.36	12566.28	10828.11
固定资产合计（万元）	59455870	81903447	34074656	37262768	71958150
主营业务税金及附加（万元）	2635845	8041611	3287339	1501329	3119904
全社会固定资产投资（亿元）	6462.8	5254.38	37583868	21944319	8871.31
年末上市公司（家）	217	954	91	184	75
机场客运量（万人次）	6389	3974	6184	2808	1009
机场货运量（万吨）	134	338	99	60	19.43
机场旅客周转量（万人公里）	1174.63	1040.97	1043.6	426.05	118.07
铁路客运量（万人次）	10315	6758	10703	2479	2970
铁路货运量（万吨）	1232	825	6029	401	7909
铁路货物周转量（亿吨公里）	307.61	18	224.21	2.16	287
铁路旅客周转量（亿人公里）	116.3833	68.38	620.8643	33.33	163.99
公路客运量（万人次）	132333	3748	58875	179369	24483
公路货运量（万吨）	24925	42911	52697	23639	28228
公路货运周转量（万吨）	139.7736	288	624.3335	423.03	329
公路旅客周转量（万人次）	304.7757	112.72	620.8643	319.21	150.43
公共汽车线路数（条）	779	1257	937	854	536
轨道交通线路数（条）	16	13	8	5	3
公共汽车数（辆）	22146	16695	11911	14546	8405
公共汽车客运量（万人次）	515416	280400	255006	228305	135744
轨道交通客运量（万人次）	246162	227573	185610	78129	11100
出租车数量（辆）	66646	50683	19943	15300	31940
航运货物周转量（亿吨公里）	0	20067	4051.567	1584.72	7012
邮电收入（亿元）	546.4681	638.18	337.3039	563.58	186.7423
劳动合同纠纷案件（件）	108	6870	308	1288	4
外商直接投资（亿美元）	80.416	151.85	45.7485	52.29	150.1633

注：规模以上工业企业数，1999～2008年为限额以上工业企业。

其次，将原始数据进行标准化处理，得到标准化后的数据，对标准化后的数据进行主成分分析（见表4-36）。

表4-36 解释总方差

主成分	初始特征值			提取平方和载入		
	合计	变异的 %	累加 %	总计	变异的 %	累加 %
1	17.886	40.650	40.650	17.886	40.650	40.650
2	13.434	30.531	71.182	13.434	30.531	71.182
3	7.252	16.483	87.664	7.252	16.483	87.664
4	5.428	12.336	100.000	5.428	12.336	100.000
5	3.411E-15	7.752E-15	100.000			
6	2.311E-15	5.252E-15	100.000			
7	7.713E-16	1.753E-15	100.000			
8	7.083E-16	1.610E-15	100.000			
9	6.558E-16	1.491E-15	100.000			
10	5.317E-16	1.208E-15	100.000			
11	4.806E-16	1.092E-15	100.000			
12	4.292E-16	9.754E-16	100.000			
13	3.541E-16	8.048E-16	100.000			
14	3.089E-16	7.020E-16	100.000			
15	2.828E-16	6.426E-16	100.000			
16	2.634E-16	5.986E-16	100.000			
17	2.317E-16	5.267E-16	100.000			
18	1.850E-16	4.205E-16	100.000			
19	1.209E-16	2.748E-16	100.000			
20	1.078E-16	2.449E-16	100.000			
21	7.056E-18	1.604E-17	100.000			
22	-6.522E-18	-1.482E-17	100.000			
23	-7.459E-17	-1.695E-16	100.000			
24	-1.317E-16	-2.994E-16	100.000			
25	-1.620E-16	-3.681E-16	100.000			
26	-1.733E-16	-3.939E-16	100.000			

续表

主成分	初始特征值			提取平方和载入		
	合计	变异的 %	累加 %	总计	变异的 %	累加 %
27	− 2.099E − 16	− 4.769E − 16	100.000			
28	− 2.399E − 16	− 5.452E − 16	100.000			
29	− 2.752E − 16	− 6.253E − 16	100.000			
30	− 3.264E − 16	− 7.417E − 16	100.000			
31	− 3.714E − 16	− 8.442E − 16	100.000			
32	− 4.170E − 16	− 9.478E − 16	100.000			
33	− 4.408E − 16	− 1.002E − 15	100.000			
34	− 4.744E − 16	− 1.078E − 15	100.000			
35	− 5.010E − 16	− 1.139E − 15	100.000			
36	− 5.740E − 16	− 1.305E − 15	100.000			
37	− 5.973E − 16	− 1.358E − 15	100.000			
38	− 6.337E − 16	− 1.440E − 15	100.000			
39	− 7.499E − 16	− 1.704E − 15	100.000			
40	− 8.525E − 16	− 1.938E − 15	100.000			
41	− 1.001E − 15	− 2.275E − 15	100.000			
42	− 1.351E − 15	− 3.071E − 15	100.000			
43	− 1.647E − 15	− 3.743E − 15	100.000			
44	− 2.430E − 15	− 5.523E − 15	100.000			

由表 4 – 36 可见，前四个主成分的累计贡献率已经达到 100%，这表明前四个主成分承载了指标 100% 的有效信息，故这四个主成分可以被用来解释最初的指标。

接下来分析主成分矩阵（见表 4 – 37）。

表 4 – 37　主成分矩阵

指标	主成分			
	1	2	3	4
金融纠纷案件	− 0.468	0.724	− 0.502	− 0.075
涉外涉港澳台纠纷案件	− 0.562	0.523	− 0.569	0.293
民商事案件	0.580	0.455	0.672	0.068

续表

指标	主成分			
	1	2	3	4
工资：在岗职工平均工资	0.003	0.836	- 0.422	0.352
房地产价格：商品房平均销售价格	- 0.356	0.508	0.241	- 0.746
原材料价格：工业生产者购进价格指数	- 0.868	- 0.110	- 0.097	- 0.474
私营工业企业单位数	0.898	0.086	0.432	- 0.021
私营工业企业资产总计	0.919	0.048	0.235	- 0.313
私营工业企业负债合计	0.916	- 0.041	0.241	- 0.317
私营工业企业主营业务收入	0.836	- 0.492	0.175	- 0.171
私营工业企业利润总额	0.620	- 0.675	- 0.396	0.055
城镇私营企业和个体就业人员	- 0.413	0.813	0.096	- 0.399
内资企业数	0.947	0.308	0.005	0.090
内资企业工业总产值	0.782	- 0.170	- 0.600	- 0.013
规模以上工业企业数	0.910	0.313	0.263	- 0.067
规模以上工业总产值	0.986	0.141	0.070	- 0.059
本年应交增值税	0.928	- 0.327	- 0.178	- 0.020
利润总额	0.685	- 0.415	- 0.554	0.226
流动资产合计	0.778	0.513	- 0.153	- 0.329
固定资产合计	0.747	0.256	- 0.553	0.265
主营业务税金及附加	0.743	0.512	0.154	0.403
全社会固定资产投资	- 0.502	- 0.266	0.823	0.021
年末上市公司	0.726	0.671	0.148	0.029
机场客运量	- 0.631	0.681	0.227	0.295
机场货运量	0.530	0.807	0.194	0.171
机场旅客周转量	- 0.307	0.870	0.212	0.322
铁路客运量	- 0.539	0.591	0.124	0.587
铁路货运量	- 0.059	- 0.743	- 0.088	0.660
铁路货物周转量	- 0.526	- 0.212	- 0.586	0.579
铁路旅客周转量	- 0.476	- 0.217	0.514	0.680
公路客运量	- 0.623	0.044	- 0.012	- 0.780
公路货运量	0.076	0.144	0.693	0.702
公路货运周转量	- 0.184	- 0.472	0.840	0.195

指标	主成分			
	1	2	3	4
公路旅客周转量	− 0.779	− 0.095	0.579	0.221
公共汽车线路数	0.377	0.709	0.594	0.039
轨道交通线路数	− 0.151	0.955	− 0.194	0.163
公共汽车数	− 0.275	0.893	− 0.250	− 0.254
公共汽车客运量	− 0.505	0.796	− 0.331	− 0.028
轨道交通客运量	− 0.207	0.933	0.130	0.262
出租车数量	0.050	0.726	− 0.652	0.214
航运货物周转量	0.890	0.294	0.184	0.296
邮电收入	0.139	0.832	0.178	− 0.506
劳动合同纠纷案件	0.781	0.557	0.281	− 0.013
外商直接投资	0.831	− 0.002	− 0.474	0.292

利用上述成分矩阵表计算出表 4 - 38 特征向量矩阵。

表 4 - 38 特征向量矩阵

指标	特征向量			
	Z_1	Z_2	Z_3	Z_4
金融纠纷案件	− 0.11067	0.197402	− 0.186316386	− 0.03235
涉外涉港澳台纠纷案件	− 0.13294	0.142762	− 0.211349288	0.12597
民商事案件	0.137094	0.124265	0.249569556	0.029375
工资：在岗职工平均工资	0.000734	0.227997	− 0.156533294	0.151123
房地产价格：商品房平均销售价格	− 0.08425	0.138645	0.089497115	− 0.32026
原材料价格：工业生产者购进价格指数	− 0.20526	− 0.03008	− 0.036197173	− 0.20351
私营工业企业单位数	0.212237	0.023497	0.16034947	− 0.00903
私营工业企业资产总计	0.217237	0.013194	0.087366715	− 0.13453
私营工业企业负债合计	0.216683	− 0.01127	0.089592206	− 0.13594
私营工业企业主营业务收入	0.1976	− 0.13413	0.065048778	− 0.0734
私营工业企业利润总额	0.146641	− 0.18408	− 0.147227013	0.023427
城镇私营企业和个体就业人员	− 0.09764	0.221801	0.035819035	− 0.1713
内资企业工业总产值	0.223919	0.084149	0.00201828	0.038482

续表

指标	特征向量			
	Z_1	Z_2	Z_3	Z_4
内资企业数	0.184918	-0.04628	-0.222623489	-0.00577
规模以上工业企业数	0.215166	0.085527	0.097654033	-0.02883
规模以上工业总产值	0.233086	0.038497	0.0259643	-0.02529
本年应交增值税	0.219407	-0.08926	-0.065952387	-0.00846
利润总额	0.161996	-0.11331	-0.205727247	0.097111
流动资产合计	0.183999	0.139895	-0.056866704	-0.14112
固定资产合计	0.17672	0.06982	-0.205278072	0.113825
主营业务税金及附加	0.175577	0.139789	0.0570419	0.173037
全社会固定资产投资	-0.11861	-0.07266	0.305530375	0.009154
年末上市公司	0.171702	0.182987	0.05511502	0.012433
机场客运量	-0.1491	0.185759	0.084458471	0.12669
机场货运量	0.125354	0.220278	0.072183136	0.073492
机场旅客周转量	-0.07263	0.237413	0.07859347	0.138186
铁路客运量	-0.12751	0.161288	0.046028086	0.25188
铁路货运量	-0.01401	-0.20281	-0.03263628	0.283483
铁路货物周转量	-0.12432	-0.05795	-0.217469794	0.248608
铁路旅客周转量	-0.11247	-0.05923	0.190743139	0.291992
公路客运量	-0.14743	0.012057	-0.004423837	-0.33501
公路货运量	0.017882	0.039366	0.257262598	0.301524
公路货运周转量	-0.04345	-0.1288	0.311865635	0.083664
公路旅客周转量	-0.18422	-0.02585	0.215019732	0.094745
公共汽车线路数	0.08921	0.193527	0.220624393	0.016717
轨道交通线路数	-0.03563	0.260692	-0.072130793	0.069994
公共汽车数	-0.06497	0.243694	-0.092713075	-0.1089
公共汽车客运量	-0.11946	0.217269	-0.123060398	-0.01183
轨道交通客运量	-0.04903	0.254684	0.04835313	0.112476
出租车数量	0.01172	0.198111	-0.241967378	0.091741
航运货物周转量	0.210408	0.080345	0.068364968	0.126997
邮电收入	0.032965	0.227042	0.065937458	-0.2174
劳动合同纠纷案件	0.184714	0.152031	0.104409007	-0.00571
外商直接投资	0.196416	-0.00048	-0.176016458	0.125342

其中，Z_1 为第一特征向量，Z_2 为第二特征向量，Z_3 为第三特征向量，Z_4 为第四特征向量。根据特征向量矩阵表可以得到下列主成分的表达式：

$$Y_1 = -0.11067X_1 - 0.13294X_2 + 0.137094X_3 + 0.000734X_4 - 0.08425X_5 - 0.20526X_6$$
$$+ 0.212237X_7 + 0.217237X_8 + 0.216683X_9 + 0.1976X_{10} + 0.146641X_{11} - 0.09764X_{12}$$
$$+ 0.223919X_{13} + 0.184918X_{14} + 0.215166X_{15} + 0.233086X_{16} + 0.219407X_{17} + 0.161996X_{18}$$
$$+ 0.183999X_{19} + 0.17672X_{20} + 0.175577X_{21} - 0.11861X_{22} + 0.171702X_{23} - 0.1491X_{24}$$
$$+ 0.125354X_{25} - 0.07263X_{26} - 0.12751X_{27} - 0.01401X_{28} - 0.12432X_{29} - 0.11247X_{30}$$
$$- 0.14743X_{31} + 0.017882X_{32} - 0.04345X_{33} - 0.18422X_{34} + 0.08921X_{35} - 0.03563X_{36}$$
$$- 0.06497X_{37} - 0.11946X_{38} - 0.04903X_{39} + 0.01172X_{40} + 0.210408X_{41} + 0.032965X_{42}$$
$$+ 0.184714X_{43} + 0.196416X_{44}$$

$$Y_2 = 0.197401631X_1 + 0.142762419X_2 + 0.124264911X_3 + 0.227997424X_4 + 0.138645494X_5$$
$$- 0.030078939X_6 + 0.023497288X_7 + 0.013193635X_8 - 0.011270578X_9 - 0.134133405X_{10}$$
$$- 0.184079242X_{11} + 0.221801208X_{12} + 0.084149102X_{13} - 0.046284437X_{14} + 0.085527299X_{15}$$
$$+ 0.038496726X_{16} - 0.089262648X_{17} - 0.113313252X_{18} + 0.139894549X_{19} + 0.069820167X_{20}$$
$$+ 0.13978866X_{21} - 0.072663144X_{22} + 0.182987123X_{23} + 0.185759087X_{24} + 0.220277747X_{25}$$
$$+ 0.23741277X_{26} + 0.161287853X_{27} - 0.202812473X_{28} - 0.057952797X_{29} - 0.059234974X_{30}$$
$$+ 0.012057315X_{31} + 0.039366128X_{32} - 0.128803973X_{33} - 0.025845589X_{34} + 0.193526632X_{35}$$
$$+ 0.260691502X_{36} + 0.243693586X_{37} + 0.217268532X_{38} + 0.25468446X_{39} + 0.198111256X_{40}$$
$$+ 0.080345491X_{41} + 0.227042292X_{42} + 0.152030707X_{43} - 0.000482889X_{44}$$

$$Y_3 = -0.186316386X_1 - 0.211349288X_2 + 0.249569556X_3 - 0.156533294X_4 + 0.089497115X_5$$
$$- 0.036197173X_6 + 0.16034947X_7 + 0.087366715X_8 + 0.089592206X_9 + 0.065048778X_{10}$$
$$- 0.147227013X_{11} + 0.035819035X_{12} + 0.00201828X_{13} - 0.222623489X_{14} + 0.097654033X_{15}$$
$$+ 0.0259643X_{16} - 0.065952387X_{17} - 0.205727247X_{18} - 0.056866704X_{19} - 0.205278072X_{20}$$
$$+ 0.0570419X_{21} + 0.305530375X_{22} + 0.05511502X_{23} + 0.084458471X_{24} + 0.072183136X_{25}$$
$$+ 0.07859347X_{26} + 0.046028086X_{27} - 0.03263628X_{28} - 0.217469794X_{29} + 0.190743139X_{30}$$
$$- 0.004423837X_{31} + 0.257262598X_{32} + 0.311865635X_{33} + 0.215019732X_{34} + 0.220624393X_{35}$$
$$- 0.072130793X_{36} - 0.092713075X_{37} - 0.123060398X_{38} + 0.04835313X_{39} - 0.241967378X_{40}$$
$$+ 0.068364968X_{41} + 0.065937458X_{42} + 0.104409007X_{43} - 0.176016458X_{44}$$

$$Y_4 = -0.032346659X_1 + 0.125970255X_2 + 0.029375354X_3 + 0.1511233X_4 - 0.320264065X_5$$
$$- 0.203506436X_6 - 0.009030074X_7 - 0.134526903X_8 - 0.135940999X_9 - 0.073398837X_{10}$$

$$+0.023426949X_{11}-0.171302573X_{12}+0.038481715X_{13}-0.005772585X_{14}-0.028829376X_{15}$$

$$-0.025285088X_{16}-0.008461825X_{17}+0.097110722X_{18}-0.141121259X_{19}+0.113824779X_{20}$$

$$+0.173036721X_{21}+0.009154454X_{22}+0.012433431X_{23}+0.126689881X_{24}+0.073492028X_{25}$$

$$+0.138186244X_{26}+0.251879522X_{27}+0.283483278X_{28}+0.248607753X_{29}+0.291991785X_{30}$$

$$-0.335008785X_{31}+0.301524254X_{32}+0.083663971X_{33}+0.094745183X_{34}+0.016716676X_{35}$$

$$+0.069993823X_{36}-0.108896842X_{37}-0.011828884X_{38}+0.112475691X_{39}+0.091740566X_{40}$$

$$+0.126996505X_{41}-0.217404353X_{42}-0.005707154X_{43}+0.12534244X_{44}$$

根据综合得分的计算公式对四个主成分进行加权综合得分计算,可得如表 4 – 39 所示样本城市得分排名。

表 4 – 39　2012 年样本城市经济总量综合得分与排名

城市	综合得分	排名
北京	– 1.130298267	5
上海	3.784236012	1
广州	– 0.921604081	4
深圳	– 0.89725796	3
天津	– 0.835074883	2

以上是基于主成分分析法对各城市 2012 年营商环境竞争力进行科学的计量判断。基于此方法和计算步骤,对 2012 ~ 2016 年样本城市的经济总量进行了相关的评估和比较,结果如表 4 – 40、图 4 – 62 所示。

表 4 – 40　2012 ~ 2016 年样本城市经济总量综合得分

年份 城市	2012	2013	2014	2015	2016
北京	– 1.130298267	– 1.230472226	– 1.559973915	– 0.771048463	1.136445312
上海	3.784236012	3.715085282	3.412553058	3.362525664	0.994913264
广州	– 0.921604081	– 1.330309806	– 1.138537174	– 1.309301893	1.024969654
深圳	– 0.89725796	– 0.310808029	– 0.781557454	– 0.992053126	– 1.107283657
天津	– 0.835074883	– 0.843498457	0.067508532	– 0.290131001	– 2.049046751

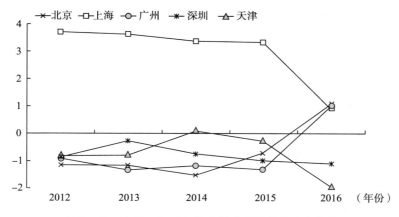

图 4 - 62　2012 ~ 2016 年样本城市经济总量综合得分

　　根据指数越大综合实力越强的原则，从图 4 - 62 我们可以看出，通过横向对比广州与其他城市的地区交通邮电、市场环境、企业发展环境、国际化环境以及法治环境的情况，我们得出以下结论：广州总体处于优势地位，2012 年至 2015 年均处于 4、5 位置，2016 年上升到第 2 位，相比往年实力有所提升，但是和其他一线城市相比，在数量和财务状况上都处于较后排位，并存在差距愈加扩大的风险。因此，广州亟须加大对营商环境的建设力度，深化改革、简政放权，进一步释放市场活力，做到稳中有进、进中提质。

9　小结

　　广州近年来面对国内外错综复杂的经济环境，能保持经济总体平稳发展，在挑战和困难中依然形势向好。这离不开广州近年来推行了稳定经济、推动发展的政策措施。第一，商事登记制度的改革，促进了广州新登记注册市场主体增长，推动了大众创业。第二，《广州市加快总部经济发展三年行动计划（2015 ~ 2017 年）》的推出，加强了各类型高端总部经济资源集聚，带动了上下游企业的发展，产生连锁投资效应和产业乘数效应，成为经济发展的重要驱动力。第三，减税降费及金融支持政策发挥了积极作用，小微企业保持活跃。第四，自贸试验区政策示范效应逐渐彰显。广东自贸试验区南沙片区挂牌运行，为金融、贸易等领域制度创新和开发开放带来了新的机遇，政策效应初步释放。第五，广州营商法治环境有了较大改善，制度性交易成本逐步降低。第六，基础设施建设加快推进，交通时间成本初步好转。

同时在交通邮电方面，广州有着自身的优势，陆运运输交通体系，主要包含由 960 条高速、1042 条一级公路、915 条二级公路形成的骨干交通网，以及 1462 条三级公路、4013 条四级公路组成的次要交通网，另外还有 30 个城市出入口、3003 座桥梁等形成的城市道路系统。总道路长度高达 4425 公里，道路面积 146 平方公里。广州港是国家综合运输体系的重要枢纽，2016 年完成货物吞吐量 56619 万吨，排名全国第四，广州港与世界 100 多个国家和地区的 400 多个港口有海运贸易往来，港口泊位达 800 多个，万吨级别共有 76 个。注册营运船舶 1588 艘，2602 万吨净载重量，南沙港区至珠江出海口航道水深17 米，有效宽度 243 米，可满足 10 万吨级集装箱船不乘潮单向通航和兼顾 12 万吨级散货船乘潮单向通航，可满足 5 万吨级船舶不乘潮双向通航进出南沙港，可满足目前世界最大集装箱船进出港要求。截至 2016 年末，白云国际机场已拥有 245 条航线，其中 87 条国际航线，158 条国内航线，通航城市 201个，基本覆盖国内和国际主要城市。邮电方面，2016 年广州市邮电业务总量达 1628.3 亿元，同比上年增长了 56.7%，其中邮政业务总量 611.3 亿元，同比上年增长 53.7%，电信业务总量 1017.0 亿元，同比上年增长 46.3%，邮电业务收入约 648.9 亿元，占广州市地区生产总值的 3.3%，同比上年增加了0.34%。便捷的运输通道、迅速发展的邮电业务都有效推动了广州与其他城市的信息交流、资源共享，因而，短期内，其他城市都难以撼动广州在交通邮电方面的地位。但是，从长远发展来看，广州仍需解决内部交通拥挤、传统邮电业务衰退等自身发展问题。同时，随着其他城市对交通邮电关注度提高，对道路建设投入加大、扩大各自地区经济圈，未来广州将会受到不同程度的制约影响。因此，广州现在仍不能掉以轻心，通过重整布局、结构转型升级提高目前的交通运输系统，引导广州城市空间形态向更深、更广的方向拓展，以适应城市的经济发展。

第五章 创新能力

从现代城市发展状况来看，城市间的发展竞争越来越集中在创新能力的竞争，创新已成为城市经济发展需要的内在动力和决定性因素。提高城市创新能力已成为当前每个城市发展的一项重大战略任务。近年来，广州以创新驱动发展战略为引领，积极实施财政投入和孵化器双倍增计划，在知识产权保护、创新创业孵化体系建设、科技与金融结合、国际与区域科技合作、科技创新走廊建设等方面取得重大进展。根据近年来广州创立市科技创新委员会和建设以广州高新区为核心的珠三角国家自主创新示范区来看，我们预测广州将会继续加大对科技创新的财政经费投入，预计在未来几年广州在科技研发投入强度、科技金融融合、孵化器建设等方面会取得更大突破。

本文梳理了广州近年来在增强城市创新环境方面的一些措施，并结合基于主成分分析的城市创新能力评价指标体系，试图通过将广州与北京、上海、深圳、天津、杭州等一线或接近一线的城市进行对比，从而评价广州近年来的城市创新能力水平，同时分析影响广州城市创新能力水平的制约因素，尝试提出相应有效的建议。

结果表明，广州在创新平台与全孵化体系建设等方面取得了较大进展，但研发投入强度长期偏低，导致城市科技创新能力发展严重滞后，且新出现科技资源优势衰减风险，故本文主要从提高研发投入和科技资源配置效率两个角度提出建议。

1　城市创新能力评价指标设计

1.1　文献梳理

1.1.1　基于区域创新评价体系

许崴、林海明（2009）将区域创新能力划分为知识创新能力、技术创新能力、创新资源配置能力和创新环境优化能力，并由以上四大能力评价子指标体系整合得出了区域创新能力评价指标体系，对广东省连续七年的区域创新能力进行了评价分析，发现新产品开发效果与科技资源配置因子、技术研发能力因子、科技投入效果补充因子对区域创新能力的影响程度最大。郭丽娟、仪彬、关蓉、王志云（2011）在设计区域创新能力评价初始指标体系的基础上，采用基于主基底分析的变量筛选方法对初始指标体系进行变量筛选，构建了区域创新能力评价体系的简约变量集合，在保证原始变量信息损失尽可能小的前提下，排除所有的冗余信息，避免了变量之间的多重相关性；再利用主成分分析对简约变量集合进行二次降维，构建综合评价模型，对我国30个地区的创新能力进行排序及分析评价，得到了较好的评价结果。齐晶晶（2015）从知识创新能力、技术创新能力、技术扩散能力、产学研协同创新能力四个方面建立区域创新体系效能评价的指标体系，利用粒子群算法改进的径向基神经网络模型对中关村、东湖、张江、长株潭四个国家自主创新示范区的创新体系效能进行了评价分析。白俊红、蒋伏心（2015）采用1998~2012年中国分省区面板数据，通过构建协同创新指标体系，并从区域间创新要素动态流动视角建立空间权重矩阵，运用空间计量分析技术，实证考察了协同创新与空间关联对区域创新绩效的影响。研究发现，在协同创新过程中，政府科技资助、企业与高校的联结以及企业与科研机构的联结对区域创新绩效有显著的正向影响，而金融机构资助则产生显著的负向影响；区域间创新要素的动态流动有利于知识的空间溢出，从而促进区域创新绩效的提升。王香花、苏彩平（2016）从企业、高校和科研机构、中介机构、环境四个角度构建了含有13个指标的区域自主创新能力评价体系，在创新系统的视角下对我国 30 个省份进行了分析。刘艳春、孙凯（2016）利用 2004~2013 年中国大陆各省、自治区、直辖市的面板数据，运用空间杜宾模型对中国区域创新绩效评价的影响因素进行了实证研究，发现前期专利存量、研发人员数量占就业人员比例对区域创新绩效呈正向影响，研发经费投入强度、外贸依存度对区域创新绩效呈负向影响，前期专利存量对区域创新绩效有着显著的空间滞后影响，区域创新绩效存在着显著的空间自相关效应，呈现空间依赖性和空间集聚现象。

1.1.2 基于内生增量理论评价体系

丁重、邓可斌（2013）基于内生技术增长理论对广州经济增长、产业体系变迁与技术进步的关系进行分析研究，发现广州创新资金与创新人才的分布是不均衡的，大量民营企业难以获得创新资源，从而导致广州创新效率不足。

1.1.3 基于创新投入、产出评价体系

谭俊涛、张平宇和李静（2016）通过构建创新投入、产出指标体系，运用创新产出和创新效率两个因素表征区域创新绩效，通过回归建模分析，探讨了区域创新基础、产业集群环境、产学研联系质量、政府支持、技术溢出效应等因子对区域创新绩效的影响，发现区域创新绩效受创新基础和政府支撑的影响最大，受产学研联系质量的影响次之，而产业集群环境和技术溢出效应对区域创新绩效的影响较小。

1.1.4 文献梳理小结

为了较全面、科学地分析一个城市的创新能力，评价指标应涵盖知识创新、技术创新、资源配置创新三个方面，同时考虑到当期对城市创新能力的投入会影响预期城市创新能力的提高，故将投入、产出设为一级指标会使评价体系更全面，再从知识创新、技术创新、资源配置创新三个方面选择二级和三级指标，接着为了准确地从多个变量中提取决定性信息，应用主成分分析法进行降维，同时进行综合评价，最后可得到城市创新能力综合得分。

1.2 指标设计

基于文献梳理和数据搜集，本文从创新投入和创新产出两个层面对广州的城市创新能力进行分析，创新投入包括研究机构与人才、科技拨款、研究与试验发展投入、高等教育四个方面，共 17 个指标；创新产出包括科技成果奖励、专利、技术市场、高新技术产品四个方面，共 17 个指标（见表 5 - 1）。

表 5 - 1　城市创新能力评价指标

要素层		指标
创新投入	研究机构与人才	科研机构人均固定资产原价（千元/人）
		科研和技术服务业新增固定资产占全社会新增固定资产比重（%）
		每万人专业技术人才数（人）
		独立科学研究与开发机构数（个）
		自然科学类独立科学研究与开发机构数（个）
		独立科学研究与开发从业人员数（人）
		自然科学类独立科学研究与开发从业人员数
		独立科学研究与开发科研人员数（人）
		自然科学类独立科学研究与开发科研人员数
	科技拨款	地方财政科学技术支出（万元）
		科学技术支出占地方财政总支出的比重（%）
	研究与试验发展投入	研究与试验发展经费（亿元）
		研究与试验发展经费占国民生产总值比重（%）
	高等教育	普通高等学校所数（所）
		普通高等院校各类专业本科学生在校学生数（人）
		理＋工＋农＋医科专业本科生在校学生数（人）
		研究生在校学生数（人）
创新产出	科技成果奖励	国家级科技奖励成果（项）
		国家发明奖（项）
		国家自然科学奖（项）
		国家科技进步奖（项）

要素层		指标
	专利	专利授权量（件）
		发明类专利授权量（件）
		每万人专利授权量（件）
		每万人发明专利授权量（件）
	技术市场	技术市场成交合同数（项）
		技术市场合同成交金额（万元）
		技术市场合同成交金额年增长率（%）
	高新技术产品	高新技术产品企业数（个）
		高新技术产业总产值（万元）
		高新技术产品增加值（万元）
		高新技术产品增加值占地区生产总值比重（%）
		高新技术产品销售收入（万元）
		高新技术产品出口销售收入（万元）

2　广州城市创新能力分析

2.1　研究机构与人才

2.1.1　广州研究机构与人才情况

表 5 - 2 显示，广州科研机构人均固定资产原价在 2014 年之前保持13% 左右的年增长率，但年增长率随后在 2015 年下降至 1.2%，却在 2016年飙升至 24.8%，波动程度较大，也就说明广州科研机构人均固定资产原价增长并不稳定。而科研和技术服务业新增固定资产占全社会新增固定资产比重则五年间一直围绕 2% 上下波动，且在 2014 年以后呈现持续下降的趋势，2016 年下降至五年间最低 1.37%。每万人专业技术人才在 2012 ~2014 年较稳定，维持在七八百人，2015 年则以 116.7% 的增长率激增至1749 人，此后平均年增长率也由 1.5% 提升至 4%，说明广州对专业技术人才的吸引力度明显加大。独立科学研究与开发机构数在 2012 ~2015 年呈现

持续削减的趋势，从 152 个削减至 143 个，但 2016 年则逆势增长至 160 个，这很大程度上受 2016 年广州自然科学类科学研究与开发机构新增了 15 个的影响，说明广州在 2016 年对独立科学研究与开发机构尤其是自然科学类科学研究与开发机构的关注程度有所提升，发展趋势有待观察。独立科学研究与开发机构从业人员数与科研人员数比较稳定，五年间分别维持在 26000 人与 19000 人左右。此外，五年间不仅独立科学研究与开发机构中自然科学类研究与开发机构一直占比维持在 92% 以上，而且独立科学研究与开发机构从业人员数与科研人员数中自然科学类研究与开发机构从业人员数与科研人员占比也分别维持在 96% 以上，说明广州研究机构拥有比较扎实的科研能力。

表 5 - 2 2012～2016 年广州研究机构与人才情况

指标 ＼ 年份	2012	2013	2014	2015	2016
科研机构人均固定资产原价（千元/人）	379.86	427.49	483.16	489	610.5
科研和技术服务业新增固定资产占全社会新增固定资产比重（%）	2.27	2.12	2.41	1.84	1.37
每万人专业技术人才数（人）	713	713	807	1749	1820
独立科学研究与开发机构数（个）	152	148	148	143	160
自然科学类独立科学研究与开发机构数（个）	142	139	138	133	148
独立科学研究与开发从业人员数（人）	27272	27795	27152	27409	25432
自然科学类独立科学研究与开发从业人员数（人）	26626	27175	26521	26734	24653
独立科学研究与开发科研人员数（人）	19059	19731	19763	19908	18514
自然科学类独立科学研究与开发科研人员数（人）	18482	19176	19203	19292	17796

2.1.2 各城市科学研究与开发机构情况

如表 5 - 3、图 5 - 1 数据显示，北京科学研究与开发机构数整体维持稳定增长，从 2012 年的 288 所增长至 2016 年的 303 所，增幅为 5.21%，平均年增长率达 1.3%。天津科学研究与开发机构数整体保持缓慢增长，从 2012 年的 261 所增长至 2015 年的 273 所，增长了 4.6%，平均年增长率为 1.51%，以一定差距在紧追北京。上海科学研究与开发机构数呈现出"比较稳定—大幅下降"走势，2012 ～ 2015 年维持在 205 所左右，平均年增长率只有 0.16%；2016 年比 2015 年减少了 74 所，年增长率下降至 −35.92%。广州科学研究与开发机构数呈现出"缓慢下降—恢复增长"走势，从 2012 年的 152 所下降至 2015 年的 143 所，下降了 5.92%，平均年增长率为 −2.01%；2016 年比 2015 年新增了 17 所，年增长率回升至 11.89%，成功超越上海。

表 5 − 3　2012 ～ 2016 年四城市科学研究与开发机构情况

单位：个

年份 城市	2012	2013	2014	2015	2016
北京	288	287	299	296	303
上海	205	204	206	206	132
广州	152	148	148	143	160
天津	261	254	257	273	—

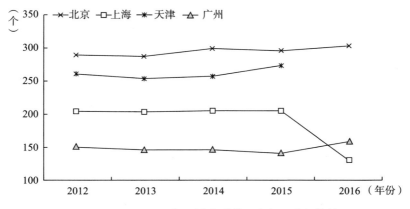

图 5 − 1　2012 ～ 2016 年四城市科学研究与开发机构情况

2.2　科技拨款

2.2.1　广州科技拨款情况

表 5 −4 显示，广州地方财政科学技术支出逐年递增，从 2012 年的 521165 万元增长到 2016 年的 1129546 万元。科学技术支出占地方财政总支

出的比重则并没有保持平稳的上升，2012～2014 从 2.9% 下降至 2.23%，2014～2016 从 2.23% 上升到 3.97%，总的来说，在 2012～2014 年之前在 2.5% 上下波动，2014～2016 年呈现较强的上升趋势，这种上升趋势有望持续一段更长的时间。

表 5-4　2012～2016 年广州科技拨款情况

单位：万元，%

指标 ＼ 年份	2012	2013	2014	2015	2016
地方财政科学技术支出	521165	541912	563212	886688	1129546
科学技术支出占地方财政总支出的比重	2.9	2.37	2.23	3.36	3.97

2.2.2　各城市地方财政科学技术支出情况

如表 5-5、图 5-2 数据显示，北京和上海的科学技术支出长期大幅度领先广州和天津，且保持稳定的增长趋势。深圳的科学技术支出在 2014 年以前大幅度落后于北京、上海，2016 年却以惊人的增长速度追上并反超了北京和上海。广州科学技术支出长期落后于北京、上海、深圳和天津，即使广州和深圳同期在 2015 年开始加大科学技术支出，广州科学技术支出增长速度却远小于深圳，截至 2016 年也仅有接近追平天津的趋势。虽然广州未来有望追平并反超天津，但仍然面临大幅度落后于北京、上海和深圳的窘境。

表 5-5　2012～2016 年样本城市地方财政科学技术支出情况

单位：亿元

城市	2012 年	2013 年	2014 年	2015 年	2016 年
北京	199.94	234.67	282.71	287.8	285.79
上海	245.43	257.66	262.29	271.85	341.71
广州	52.12	54.19	56.32	88.67	112.95
深圳	79.27	132.98	94.57	214.32	403.52
天津	76.45	92.81	108.99	120.82	125.18

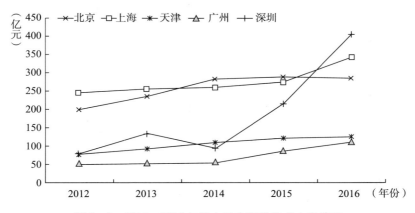

图 5 - 2　2012 ~ 2016 年样本城市科学技术支出情况

如表 5 - 6、图 5 - 3 数据显示，北京和上海科学技术支出占地方财政总支出的比重整体呈现缓慢下滑趋势，从 2012 年至 2016 年分别下滑了 17.86% 和 16.95%。深圳科学技术支出占地方财政总支出的比重呈现出波动式强势增长走势，从 2012 年的 5.05% 增长至 2013 年的 6.48%，增长了 28.32%，并于该年超过了北京和上海；随后一年下降至 3.6%，减少了 44.4%；又从 2014 年 3.6% 增长至 2016 年 9.58%，增长了 1.66 倍，平均年增长率高达 63.2%。

表 5 - 6　2012 ~ 2016 年样本城市科学技术支出占地方财政
总支出的比重情况

单位：%

年份 城市	2012	2013	2014	2015	2016
北京	5.43	5.62	6.24	5.02	4.46
上海	5.9	5.7	5.3	4.4	4.9
广州	2.9	2.37	2.23	3.36	3.97
深圳	5.05	6.48	3.6	6.09	9.58
天津	3.57	3.64	3.78	3.74	3.38

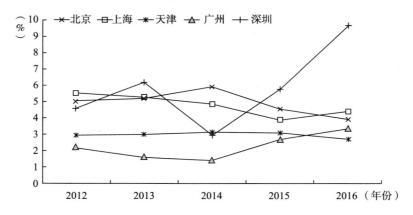

图 5 - 3　2012～2016 年样本城市科学技术支出占地方财政
总支出的比重情况

2.3　研究与试验发展投入

2.3.1　广州研究与试验发展投入情况

表 5 - 7 显示，广州研究与试验发展经费五年间一直维持逐年递增的趋势，从 2012 年的 262.87 亿元增长至 2016 年的 457.46 亿元，增长了 74.03%。广州研究与试验发展经费占国民生产总值比重从 2012 年的 1.94% 增长至 2016 年的 2.34%，增长幅度仅为 20.62%。

表 5 - 7　2012～2016 年广州研究与试验发展投入情况

单位：亿元，%

指标＼年份	2012	2013	2014	2015	2016
研究与试验发展经费	262.87	292.07	334.01	380.13	457.46
研究与试验发展经费占国民生产总值比重	1.94	1.88	2	2.1	2.34

2.3.2　各城市研究与试验发展经费情况

如表 5 -8、图 5 -4 数据显示，北京研究与试验发展经费一直遥遥领先于深圳、天津、广州和杭州，大幅度领先一直排在第二名的上海，且增长势头未曾放缓。上海和深圳研究与试验发展经费也保持稳定增长，上海较

大幅度领先于深圳。广州研究与试验发展经费呈现出缓慢增长走势，仅仅
以小幅度略领先于杭州，接近追平天津，但离追上深圳和上海还有很大的
距离。

表 5 - 8　2012～2016 年样本城市研究与试验发展经费情况

单位：亿元

年份 城市	2012	2013	2014	2015	2016
北京	1063.36	1185.05	1268.8	1384.02	1484.58
上海	679.46	776.78	861.95	936.14	1049.32
广州	262.87	292.07	334.01	380.13	457.46
深圳	488.37	584.61	640.07	732.39	842.97
天津	360.49	428.09	464.69	510.18	537
杭州	228	248.73	274	302.19	346.36

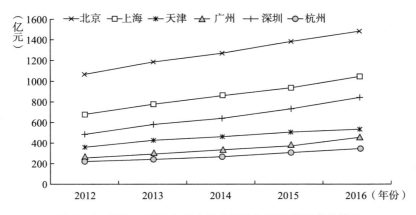

图 5 - 4　2012～2016 年样本城市研究与试验发展经费情况

　　如表 5 - 9、图 5 - 5 数据显示，北京研究与试验发展经费占国民生产总
值比重长期稳定在 5.5%～6%，一直保持大幅度领先其他城市。深圳研究
与试验发展经费占国民生产总值比重维持稳定增长，从 2012 年的 3.8% 增
长至 2016 年的 4.3%，增长了 13.16%，稳稳排在第二名。上海研究与试验
发展经费占国民生产总值比重同样维持稳定增长，保持小幅度落后于深圳，
小幅度领先于天津和杭州。天津和杭州研究与试验发展经费占国民生产总

值比重增长缓慢，且无论从比重数值大小比较，还是从比重增长速度比较，两个城市之间表现出不分伯仲的状态。广州研究与试验发展经费占国民生产总值比重在 2012～2014 年近乎停滞增长，一直在突破 2% 的边缘徘徊，平均年增长率仅为 1.53%；2014～2016 平均年增长率为 8.17%，增长速度翻了近 4 倍，但由于前期比重数值过低，仍然无法改变较大幅度落后于天津和杭州，大幅度落后于上海、深圳的局面。

表 5－9　2012～2016 年样本城市研究与试验发展经费占国民
生产总值比重情况

单位：%

年份 城市	2012	2013	2014	2015	2016
北京	5.79	5.83	5.78	5.84	5.78
上海	3.31	3.49	3.58	3.65	3.72
广州	1.94	1.88	2	2.1	2.34
深圳	3.8	4	4	4.2	4.3
天津	2.59	2.75	2.91	2.91	3.03
杭州	2.92	2.96	2.98	3.01	3.06

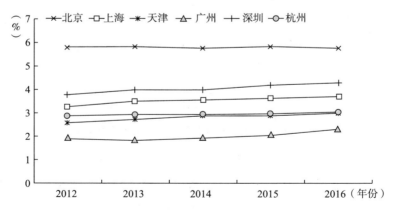

图 5－5　2012～2016 年样本城市研究与试验发展经费占国民
生产总值比重情况

2.4　高等教育

2.4.1　广州高等教育

表 5-10 显示，广州普通高等学校由 2012 年的 80 所增长至 2016 年的 82 所，各类专业本科生在校学生数从 2012 年的 540778 人增长至 2016 年的 623331 人，增长了 15.27%；其中理工农医科专业本科生在校学生数稳定逐年递增，从 2012 年的 220978 人增长至 2016 年的 243588 人，增长了 10.23%，虽然理工农医科专业本科生在校学生数增长率低于各类专业本科生在校学生数增长率，但五年间理工农医科专业本科生在校学生数占各类专业本科生在校学生数比重仍然在 40% 左右。研究生在校学生数维持逐年增长趋势，从 2012 年的 73118 人增长至 2016 年的 82282 人，增长了 12.53%。每万人各类专业本科生在校学生数从 2012 年的 657.64 人增长至 2016 年的 716.07 人，每万人理工农医科专业本科生在校学生数从 2012 年的 268.73 人增长至 2016 年的 279.83 人，每万人研究生在校学生数从 2012 年的 88.92 人增长至 2016 年的 94.52 人。

表 5-10　2012～2016 年广州高等教育情况

单位：所，人

年份 指标	2012	2013	2014	2015	2016
普通高等学校所数	80	80	80	81	82
普通高等院校各类专业本科学生在校学生数	540778	529460	591192	607166	623331
理工农医科专业本科生在校学生数	220978	227107	233787	236154	243588
研究生在校学生数	73118	76193	77211	79547	82282
每万人普通高等院校本科学生在校学生数	657.64	636.13	701.78	710.81	716.07
每万人理工农医科专业本科生在校生数	268.73	272.86	277.52	276.47	279.83
每万人研究生在校学生数	88.92	91.54	91.65	93.13	94.52

2.4.2　样本城市普通高等学校

如表 5-11、图 5-6 数据显示，北京普通高等学校所数呈现出波动走势，整体维持在 90 所左右。广州普通高等学校所数呈现出缓慢增长走势，从 2012 年的 80 所增长至 2016 年的 82 所，新增了 2 所。上海普通高等学校所数呈现出先上升后下降走势，整体处于下滑趋势，从 2012 年的 67 所减少至 2016 年的 64 所。杭州普通高等学校所数维持接近 40 所的趋势，2012~2014 年稳定在 38，2015~2016 稳定在 39。天津普通高等学校所数呈现出"增长停滞—爆发式增长"走势，2012~2013 年稳定在 19，从 2013 年的 19 所增长至 2016 年的 55 所，增幅为 189.47%。深圳普通高等学校所数呈现出稳定增长走势，从 2012 年的 10 所增长至 2016 年的 12 所，增加了 20%。

表 5-11　2012~2016 年样本城市普通高等学校情况

单位：所

年份 城市	2012	2013	2014	2015	2016
北京	91	89	89	90	91
上海	67	68	68	67	64
广州	80	80	80	81	82
深圳	10	10	10	12	12
天津	19	19	24	31	55
杭州	38	38	38	39	39

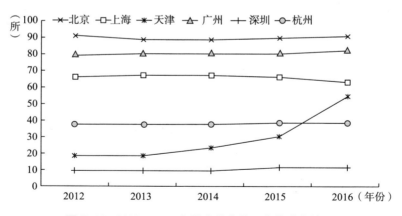

图 5-6　2012~2016 年样本城市普通高等学校情况

如表 5-12、图 5-7 数据显示，广州普通高等院校各类专业本科学生在校学生数整体呈现强势增长态势，除了 2013 年比上一年减少了 11318 人，下降了 2% 外，其余年份保持增长，从 2012 年的 540778 人增长至 2016 年的 623331 人，增长了 15.27%。北京和杭州普通高等院校各类专业本科学生在校学生数维持稳定增长，虽然北京略微领先于杭州，但两者无论是数值大小还是增长速度大小相差不大。上海普通高等院校各类专业本科学生在校学生数保持缓慢增长，从 2012 年的 359007 人增长至 2016 年的 371266 人，仅增长了 3.42%。深圳普通高等院校各类专业本科学生在校学生数大大落后于其他几个城市，虽然从 2012 年的 75570 人增长至 2016 年的 91883 人，增长率高达 21.59%，但总数仍然不足上海的 1/4。

表 5 – 12　2012 ~ 2016 年样本城市普通高等院校
本科学生在校学生情况

单位：人

年份 城市	2012	2013	2014	2015	2016
北京	473531	482106	489292	495565	500955
上海	359007	362742	364679	367233	371266
广州	540778	529460	591192	607166	623331
深圳	75570	82401	87674	90112	91883
杭州	459181	471820	474652	475558	480953

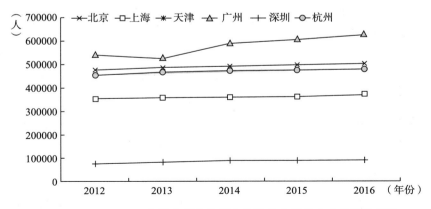

图 5 – 7　2012 ~ 2016 年样本城市普通高等院校本科学生在校学生情况

2.5 科技成果奖励

表5-13显示，广州国家级科技成果奖励除了2014年产生剧增现象，整体来说仍然处于一种波动状态。2014年广州有国家级科技奖励23项，比上年增加了8项，增长率为53%；其中国家发明奖比上年增加了3项，增长率为150%；国家自然科学奖比上年减少了2项，增长率为-50%；国家科技进步奖比上年增加了7项，增长率为78%。随后一年广州国家级科技成果奖励回落到17项，结合2014年以前的数据，五年间整体围绕在15项上下波动，且平均国家级科技成果奖励中国家发明奖占比为15.29%，国家自然科学奖占比为15.29%，国家科技进步奖占比为69.41%。如果简单地将创造性发明奖看作"完全的创新"，改进性进步奖看作"部分的创新"，那么从两者平均占比的对比来看，前者仅为后者的1/5多一点，因此未来广州不仅要争取提高国家级科技奖励的数量，还要提高国家级科技奖励的质量，也就是国家级科技奖励结构中国家发明奖占比需要提高。

表5-13 2012～2016年广州科技成果奖励情况

单位：项

指标＼年份	2012	2013	2014	2015	2016
国家级科技成果奖励	14	15	23	17	16
国家发明奖	—	2	5	4	2
国家自然科学奖	3	4	2	2	2
国家科技进步奖	11	9	16	11	12

2.6 专利授权

2.6.1 广州专利授权情况

表5-14显示，广州专利授权量保持逐年增长，从2012年的21997件增长至2016年的48313件，增长了接近1.2倍，其中2012～2014年增长相对平缓，2014～2016年增长相对较快。发明类专利授权量的增长速度相对落后于专利授权量，从2012年的4027件增长至2016年的7668件，增长了

接近 1 倍，这很大程度受 2013 年发明类专利授权量仅比上年增加了 28 件、年增长率不足 1% 的影响。发明类专利授权量平均增长速度落后于专利授权量，导致专利授权量中发明类占比一直低于 1/5，平均占比仅为 16.4%。每万人专利授权量维持较快速增长，从 2012 年的 26.88 件增长至 2016 年的 57.19 件，增长了 112.76%。每万人发明类专利授权量明显呈现出波动式增长，年增长率如"过山车"般上下波动，但从整体来看，由 2012 年的 4.92 件增长至 2016 年的 8.89 件，整体也增长了 80.69%。

表 5 – 14　2012 ~ 2016 年广州专利授权情况

单位：件

指标 ＼ 年份	2012	2013	2014	2015	2016
专利授权量	21997	26156	28137	39834	48313
发明类专利授权量	4027	4055	4590	6626	7668
每万人专利授权量	26.88	31.62	33.6	46.96	57.19
每万人发明类专利授权量	4.92	4.9	5.48	7.81	8.89

2.6.2　各城市专利授权情况

如表 5 – 15、图 5 – 8 数据显示，北京专利授权量以高增长速度超越上海并与深圳拉开了距离，从 2012 年的 50511 件增长至 2016 年的 100578 件，增长了 99.12%，平均年增长率高达 18.79%。上海专利授权量呈现出"缓慢增长—爆发增长—增长放缓"走势，从 2012 年的 47960 件增长至 2014 年的 50488 件，仅增长了 5.27%，平均年增长率为 2.60%；随后一年增长至 60623 件，增长了 10135 件，年增长率高达 20%；2016 年较 2015 年增长了 3617 件，年增长率下降至 5.95%。深圳专利授权量整体维持稳定增长，2012 ~ 2014 年以 5.03% 平均年增长率小幅度增长稍稍领先上海；2014 ~ 2016 年以 18.23% 平均年增长率与上海拉开距离，形成仅次于北京、领跑其他城市的局面。杭州专利授权量整体呈现波动式增长，从 2012 年的 40651 件增长至 2016 年的 41052 件，仅增长了 0.99%，平均年增长率为 0.25%。广州专利授权量呈现出"较慢增长—较快增长"走势，从 2012 年的 21997 件增长至 2014 年的 28137 件，增长了 27.91%，平均年增长率为 13.10%，其间落后于杭州并几乎被天津追上；从 2014 年的 28137 件增长至 2016 年的 48313 件，增长了 71.71%，平均年增长率为 31.04%，其间超越杭州并与天津拉开距离。天津专利授权量呈现出"紧跟广州—稍稍松懈"走势，从 2012 年的 20003 件增长至 2015 年的 37342 件，增长了 86.68%，平均年增长率为 23.13%，其间接近追平广州；2016 年较 2015 年增长了 2392 件，年增长率下降至 6.41%，被广州拉开距离却开始接近同样下滑的杭州。

表 5-15　2012~2016 年样本城市专利授权情况

单位：件

城市＼年份	2012	2013	2014	2015	2016
北京	50511	62671	74661	94031	100578
上海	47960	48680	50488	60623	64230
广州	21997	26156	28137	39834	48313
深圳	48662	49756	53687	72120	75043
天津	20003	24856	26351	37342	39734
杭州	40651	41518	33548	46245	41052

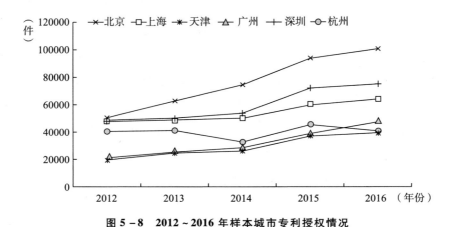

图 5-8　2012~2016 年样本城市专利授权情况

如表 5-16、图 5-9 数据显示，杭州每万人专利授权量整体呈现出波动式下降，且波动幅度较大，从 2012 年的 58.03 件下降至 2016 年的 55.78 件，下降了 3.88%，平均年增长率为 - 0.98%。深圳每万人专利授权量整体维持稳定增长，从 2012 年的 46.14 件增长至 2016 年的 63.02 件，五年间两次超越杭州且 2016 年排名第一，增长了 36.58%，平均年增长率为 8.11%。广州每万人专利授权量保持逐年增长，从 2012 年的 26.88 件增长至 2016 年的 57.19 件，增长了 112.76%，平均年增长率高达 20.77%，五年间相继超越北京和杭州，目前距离追平深圳还差不少，稍稍领先杭州。北京每万人专利授权量同样保持逐年增长，从 2012 年的 24.41 件增长至 2015 年的 43.32 件，增长了 77.47%，平均年增长率高达 21.07%，其间一直与广州并驾齐驱；但 2016 年较上年仅增长了 2.97 件，年增长率下降至 6.86%，被广州拉开差距。上海每万人专利授权量呈现出"增长停滞—恢复增长"走势，2012 ~ 2014 年围绕 20.5 件上下极小幅度波动，其间无明显增长；2014 ~ 2016 年增长了 5.73 件，平均年增长率为 12.93%。天津每万人专利授权量维持逐年稳定增长，从 2012 年的 14.16 件增长至 2016 年的 25.44 件，增长了 79.66%，平均年增长率高达 15.77%，但由于起点低五年间一直落后于其他城市，目前才仅有接近追平上海的趋势。

表 5 - 16　2012 ~ 2016 年样本城市每万人专利授权情况

单位：件

年份 城市	2012	2013	2014	2015	2016
北京	24.41	29.63	34.70	43.32	46.29
上海	20.15	20.16	20.81	25.10	26.54
广州	26.88	31.62	33.6	46.96	57.19
深圳	46.14	46.81	49.81	63.38	63.02
天津	14.16	16.89	17.37	24.14	25.44
杭州	58.03	58.76	46.87	63.91	55.78

如表 5 - 17、图 5 - 10 数据显示，北京发明类专利授权量维持高速逐年增长，从 2012 年的 20140 件增长至 2016 年的 40602 件，增长了 101.6%，平均年增长率高达 19.16%，高起点、高增长助北京遥遥领跑于其他城市。深圳发明类专利授权量呈现波动式增长，从 2012 年的 13068 件增长至 2016 年的

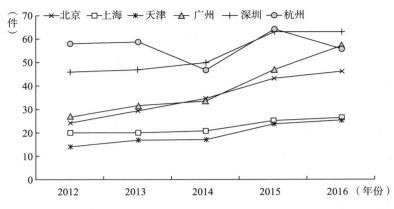

图 5 - 9　2012 ~ 2016 年样本城市每万人专利授权情况

17666 件,增长了 35. 19% ,平均年增长率仅有 7. 82% ,五年间有三年与上海并驾齐驱,随后终被上海超越。上海发明类专利授权量保持稳定逐年增长,从 2012 年的 9160 件增长至 2016 年的 20086 件,增长了 1 倍多,平均年增长率为 21. 69% ,"低开高走"的上海成功超越深圳。杭州和天津呈现出相似的整体缓慢增长走势,2012 ~ 2016 年分别增长了 56. 48% 和 54. 18% ,平均年增长率分别为 11. 84% 和 11. 43% ,低起点、低增长使得杭州和天津被上海和深圳拉开差距。夹在杭州和天津之间的广州其发明类专利授权量增长比杭州、天津相对稍好一点,从 2012 年的 4027 件增长至 2016 年的 7668 件,新增了90. 42% ,平均年增长率达 17. 47% ;高增长助广州在五年间从稍落后于杭州增长至接近追平杭州,从接近被天津追平增长至与天津拉开小小差距;但由于低起点,广州离追平深圳、上海仍然有很大差距。

表 5 -17　2012 ~ 2016 年样本城市发明类专利授权情况

单位: 件

城市　　年份	2012	2013	2014	2015	2016
北京	20140	20695	23237	35308	40602
上海	9160	10644	11614	17601	20086
广州	4027	4055	4590	6626	7668
深圳	13068	10987	12040	16957	17666

续表

年份 城市	2012	2013	2014	2015	2016
天津	3363	3141	3279	4624	5185
杭州	5526	4903	5552	8296	8647

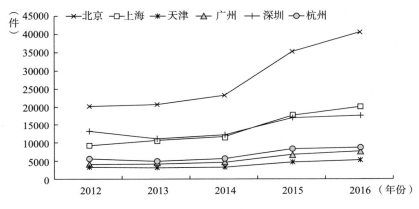

图 5-10 2012~2016 年样本城市发明类专利授权情况

如表 5-18、图 5-11 数据显示,深圳每万人发明专利授权量呈现出波动式增长走势,从 2012 年的 12.39 件增长至 2016 年的 14.83 件,增长了 2.44 件,平均年增长率为 4.60%。北京每万人发明专利授权量维持高速逐年增长,从 2012 年的 9.73 件增长至 2016 年的 18.69 件,增长了 92.09%,平均年增长率为 17.73%,五年间超越了深圳并随后拉开了距离。杭州每万人发明专利授权量整体保持增长,除了 2013 年比上一年减少了 0.95 件,出现下降外,从 2012 年的 7.89 件增长至 2016 年的 11.75 件,新增了 48.92%,平均年增长率为 12.23%,虽然离追平上海和北京差距很大,却也拥有暂时不被其他城市追平的优势。广州每万人发明专利授权量呈现出"较慢增长—较快增长"的走势,从 2012 年的 4.92 件增长至 2014 年的 5.48 件,只增长了 11.38%,平均年增长率仅为 2.73%;从 2014 年的 5.48 件增长至 2016 年的 8.89 件,增长了 62.23%,平均年增长率为 17.86%。上海每万人发明专利授权量保持稳定逐年增长,从 2012 年的 3.85 件增长至 2016 年的 8.3 件,新增了 1 倍多,平均年增长率为 27.37%,五年间与广州并肩增长。天津每万人发明专利授权量呈现出"增长接近停滞—恢复缓慢增长"走势，2012～2014 年稳定在 2.2 上下极小幅度波动，平均年增长率为 - 4.73%；从 2014 年的 2.16 件增长至 2016 年的 3.32 件，增长了 53.7%，平均年增长率上升至 23.98%。

表 5 - 18　2012～2016 年样本城市每万人发明类专利授权情况

单位：件

年份 城市	2012	2013	2014	2015	2016
北京	9.73	9.79	10.8	16.27	18.69
上海	3.85	4.41	4.79	7.29	8.3
广州	4.92	4.9	5.48	7.81	8.89
深圳	12.39	10.34	11.17	14.9	14.83
天津	2.38	2.13	2.16	2.99	3.32
杭州	7.89	6.94	7.76	11.47	11.75

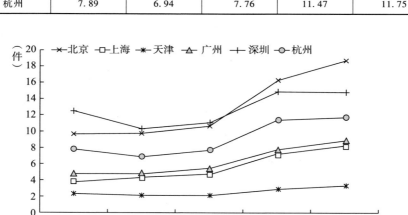

图 5 - 11　2012～2016 年样本城市每万人发明类专利授权情况

2.7　技术市场

2.7.1　广州技术市场情况

表 5 - 19 显示，广州技术市场成交合同数呈现出波动式下降趋势，整体上看从 2012 年的 8394 项下降至 2016 年的 6079 项，但技术市场合同成交额

维持逐年增长，从 2012 年的 1981048 万元增长至 2016 年的 2896081 万元，增长了 46.19%。如果简单地将技术市场合同成交数视为"技术市场的数量"，将技术市场合同成交金额视为"技术市场的质量"，那么我们可以从技术市场合同成交金额年增长率所呈现的波动式下降趋势中，得到"技术市场的数量"下降限制了"技术市场的质量"提升速度的结论，也就是说由于技术市场成交合同数的下降一定程度上导致了技术市场合同成交金额年增长率的下降。

表 5 - 19　2012～2016 年广州技术市场成交情况

指标　　　　　　　　　　　年份	2012	2013	2014	2015	2016
技术市场成交合同数（项）	8394	8686	7902	5844	6079
技术市场合同成交金额（万元）	1981048	2228378	2468698	2660023	2896081
技术市场合同成交金额年增长率（%）	24.19	12.48	10.78	7.75	8.87

2.7.2　各城市技术市场成交情况

如表 5 - 20、图 5 - 12 数据显示，北京技术市场成交合同数维持逐年增长，从 2012 年的 59969 项增长至 2016 年的 74965 项，新增了 25.01%，平均年增长率为 5.74%，从数量大小上、增长速度大小上都遥遥领先于其他城市。上海技术市场成交合同数呈现逐年下降趋势，从 2012 年的 27998 项减少至 2016 年的 21203 项，下降了 24.27%，平均年增长率为 - 6.71%。天津技术市场成交合同数呈现先升后降走势，从 2012 年的 13409 项增长至 2013 年的 15817 项，增长了 2408 项，年增长率为 17.96%；2013～2015 年保持逐年下降，从 2013 年的 15817 项减少至 2015 年的 12590 项，减少了 3227 项，平均年增长率为 - 10.78%。深圳技术市场成交合同数呈现增长几乎停滞走势，2012～2015 年稳定在 10000 项左右，四年间围绕 10000 上下极小幅度波动。广州技术市场成交合同数整体维持稳定下降趋势，除了 2013 年比上一年新增 292 项，增长了 3.48% 外，从 2012 年的 8394 项减少至 2016 年的 6079 项，下降了 27.58%，平均年增长率为 - 7.75%。

表 5 - 20　2012～2016 年样本城市技术市场成交合同情况

单位：项

城市 \ 年份	2012	2013	2014	2015	2016
北京	59969	62743	67278	72272	74965
上海	27998	26297	25238	22513	21203
广州	8394	8686	7902	5844	6079
深圳	10101	10356	10134	10290	9830
天津	13409	15817	15087	12590	13060

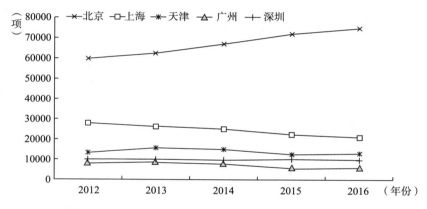

图 5 - 12　2012～2016 年样本城市技术市场成交合同情况

　　如表 5 - 21、图 5 - 13 数据显示，北京技术市场合同成交金额维持高速逐年增长，从 2012 年的 2458.5 亿元增长至 2016 年的 3940.8 亿元，增长了 60.29%，平均年增长率达 12.51%，高起点和高增长使得北京不仅遥遥领先于其他城市，还在继续拉大与其他城市的差距。上海技术市场合同成交金额保持稳定逐年增长，从 2012 年的 588.52 亿元增长至 2016 年的 822.86 亿元，新增了 39.82%，平均年增长率为 8.74%。天津技术市场合同成交金额呈现出"较快增长—增长放缓"走势，从 2012 年的 251.22 亿元增长至 2015 年的 539.18 亿元，增长了 1 倍多，平均年增长率高达 28.99%；2015～2016 年仅增长了 13.46 亿元，年增长率下降至 2.5%；五年里前两年接近被深圳、广州追平，后三年成功与深圳、广州拉开距离。深圳技术市

场合同成交金额整体保持稳定增长，从 2012 年的 153.23 亿元增长至 2015
年的 372.16 亿元，新增了 142.88%，平均年增长率高达 34.42%，四年间
从稍稍落后于广州增长到成功超越广州并拉开些许差距。广州技术市场合
同成交金额维持缓慢逐年增长，从 2012 年的 198.1 亿元增长至 2016 年的
289.61 亿元，增长了 46.19%，平均年增长率为 9.96%，五年间被深圳
超越。

表 5－21　2012~2016 年样本城市技术市场合同成交金额情况

单位：亿元

年份\城市	2012	2013	2014	2015	2016
北京	2458.5	2851.2	3136	3452.6	3940.8
上海	588.52	620.87	667.99	707.99	822.86
广州	198.1	222.84	246.87	266	289.61
深圳	153.23	286.71	263	372.16	451
天津	251.22	300.68	418.11	539.18	602.32

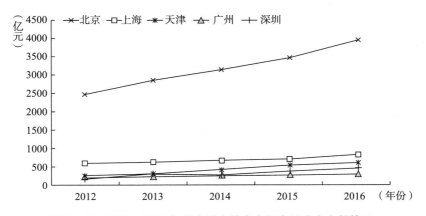

图 5－13　2012~2016 年样本城市技术市场合同成交金额情况

2.8　高新技术产品

表 5－22 显示，广州高新技术产品企业数保持低速增长，从 2012 年的
1280 家增长至 2016 年的 1559 家，仅增长了 21.8%。高新技术产品总产值

保持稳定增长，从 2012 年的 64580281 万元逐年增长至 2016 年的 91098473 万元，增长了 41%。高新技术产品增加值呈现波动式缓慢增长，不仅其间数值涨落变化，从 2012 年的 18064973 万元增长至 2016 年的 23468669 万元，仅增长了 29.91%，增长动力不足。高新技术产品增加值占地区生产总值比重保持逐年下降的趋势，从 2012 年的 13.33% 下降至 2016 年的 11.12%，由此可见高新技术产品增加值的增长速度明显落后于地区生产总值的增长速度。高新技术产品销售收入维持逐年稳定增长，从 2012 年的 62966070 万元增长至 2016 年的 89164189 万元，增长了 41.61%，平均年增长率为 9.09%。高新技术产品出口销售收入呈现 "大幅上升—持续下滑" 走势，从 2012 年的 2663656 万元增长至 2013 年的 15649232 万元，增长了 12985576 万元，增长了 5 倍左右；从 2013 年的 15649232 万元持续下滑至 2016 年的 11982354 万元，减少了 23.4%，平均年增长率为 -6.46%。

表 5 - 22　2012 ~ 2016 年广州高新技术产品企业情况

指标 ＼ 年份	2012	2013	2014	2015	2016
高新技术产品企业数（家）	1280	1356	1373	1462	1559
高新技术产品总产值（万元）	64580281	75937364	79948409	83780200	91098473
高新技术产品增加值（万元）	18064973	19858179	23071519	23971244	23468669
高新技术产品增加值占地区生产总值比重（%）	13.33	12.88	12.64	12.53	11.12
高新技术产品销售收入（万元）	62966070	73204852	76196837	77615086	89164189
高新技术产品出口销售收入（万元）	2663656	15649232	14536436	12130050	11982354

3　城市创新能力对比分析

3.1　城市创新能力评价指标

由于各地方年鉴统计方式和口径不同，为求能将北京、上海、广州、深圳、天津和杭州六个城市放在同一坐标系进行计算分析，最终筛选出表 5 - 23 中的 13 个评价指标作为计算指标。

表 5 – 23 城市创新能力对比计算指标

要素层	指标
创新投入	独立科学研究与开发机构数（个）
	地方财政科学技术支出（亿元）
	科学技术支出占地方财政总支出的比重（%）
	研究与试验发展经费（亿元）
	研究与试验发展经费占国民生产总值比重（%）
	普通高等学校所数（所）
	普通高等院校各类专业本科学生在校学生数（人）
创新产出	专利授权量（件）
	每万人专利授权量（件）
	发明类专利授权量（件）
	每万人发明专利授权量（件）
	技术市场成交合同数（项）
	技术市场合同成交金额（亿元）

3.2 城市创新能力评估

以 2016 年的数据为例，通过 SPSS 软件对各城市当年创新能力指标进行主成分分析法计算，其他年份的计算步骤相似，在此不再赘述。以下计算都是通过 SPPS 软件实现的。

第一步，录入原始数据 $V_1 \sim V_{13}$（见表 5 – 24）。

表 5 – 24 原始数据

指标	北京	上海	广州	深圳	天津	杭州
科学研究与开发机构数（个）（V_1）	303	132	160	—	263	—
地方财政科学技术支出（亿元）（V_2）	285.79	341.71	112.95	403.52	125.18	74.92
科学技术支出占地方财政总支出的比重（%）（V_3）	4.46	4.9	3.97	9.58	3.38	5.34
研究与试验发展经费（亿元）（V_4）	1484.58	1049.32	457.46	842.97	537.32	346.36
研究与试验发展经费占国民生产总值比重（%）（V_5）	5.78	3.72	2.34	4.3	3	3.06
普通高等学校所数（所）（V_6）	91	64	82	12	55	39
普通高等院校各类专业本科学生在校学生数（人）（V_7）	500955	371266	623331	91883	337252	480953

续表

指标	北京	上海	广州	深圳	天津	杭州
专利授权量（件）（V_8）	100578	64230	48313	75043	39734	41052
每万人专利授权量（件）（V_9）	46.29	26.54	57.19	63.02	25.44	55.78
发明类专利授权量（件）（V_{10}）	40602	20086	7668	17666	5185	8647
每万人发明专利授权量（件）（V_{11}）	18.69	8.3	8.89	14.83	3.32	11.75
技术市场成交合同数（项）（V_{12}）	74965	21203	6079	9830	13060	6597
技术市场合同成交金额（亿元）（V_{13}）	3940.8	822.86	289.61	468.74	602.32	84.22

第二步，将原始数据进行标准化处理，得到标准化后的数据 $Z_1 \sim Z_{13}$（见表 5 - 25）。

表 5 - 25　标准化数据

指标	北京	上海	广州	深圳	天津	杭州
科学研究与开发机构数（个）（Z_1）	1.25	- 0.09	0.13	- 1.12	0.94	- 1.12
地方财政科学技术支出（亿元）（Z_2）	0.45	0.86	- 0.81	1.31	- 0.72	- 1.09
科学技术支出占地方财政总支出的比重（%）（Z_3）	- 0.37	- 0.17	- 0.59	1.94	- 0.85	0.03
研究与试验发展经费（亿元）（Z_4）	1.62	0.61	- 0.77	0.13	- 0.58	- 1.02
研究与试验发展经费占国民生产总值比重（%）（Z_5）	1.71	0.02	- 1.12	0.49	- 0.57	- 0.52
普通高等学校所数（所）（Z_6）	1.17	0.24	0.86	- 1.56	- 0.07	- 0.63
普通高等院校各类专业本科学生在校学生数（人）（Z_7）	0.55	- 0.16	1.22	- 1.69	- 0.35	0.44
专利授权量（件）（Z_8）	1.66	0.12	- 0.56	0.57	- 0.92	- 0.87
每万人专利授权量（件）（Z_9）	0.04	- 1.18	0.71	1.07	- 1.25	0.62
发明类专利授权量（件）（Z_{10}）	1.82	0.26	- 0.68	0.08	- 0.87	- 0.61
每万人发明专利授权量（件）（Z_{11}）	1.43	- 0.49	- 0.38	0.72	- 1.42	0.15
技术市场成交合同数（项）（Z_{12}）	2	- 0.03	- 0.6	- 0.46	- 0.34	- 0.58
技术市场合同成交金额（亿元）（Z_{13}）	2.01	- 0.15	- 0.52	- 0.39	- 0.3	- 0.66

第三步，对标准化后的数据 $Z_1 \sim Z_{13}$ 进行主成分分析，得到主成分特征根和贡献率表以及主成分载荷矩阵表（见表 5 - 26、表 5 - 27）。

表 5 - 26 主成分特征根和贡献率

	起始特征值			提取平方和载入			循环平方和载入		
	总计	变异的 %	累加 %	总计	变异的 %	累加 %	总计	变异的 %	累加 %
科学研究与开发机构数（Z_1）	6.86480181	52.80523216	52.80523216	6.86480181	52.80523216	52.80523216	6.8603485	52.77191154	52.77191154
地方财政科学技术支出（Z_2）	4.015522039	30.88863107	83.69386323	4.015522039	30.88863107	83.69386323	3.419242956	26.30186889	79.07378043
科学技术支出占地方财政总支出的比重（Z_3）	1.547000926	11.90000712	95.59387035	1.547000926	11.90000712	95.59387035	2.14761169	16.52008992	95.59387035
研究与试验发展经费（Z_4）	0.355944184	2.738032182	98.33190253						
研究与试验发展经费占国民生产总值的比重（Z_5）	0.216852671	1.668097467	100						
普通高等学校所数（Z_6）	3.92162E－16	3.01663E－15	100						
普通高等院校各类专业本科学生在校学生数（Z_7）	3.01536E－16	2.31951E－15	100						
专利授权量（Z_8）	2.01789E－16	1.55222E－15	100						
每万人专利授权量（Z_9）	1.51493E－16	1.16533E－15	100						
发明类专利授权量（Z_{10}）	－6.0038E－18	－4.6183E－17	100						
每万人发明专利授权量（Z_{11}）	－1.1537E－16	－8.875E－16	100						
技术市场成交合同数（Z_{12}）	－3.3951E－16	－2.6116E－15	100						
技术市场合同成交金额（Z_{13}）	－7.1186E－16	－5.4758E－15	100						

第四步，分析主成分特征根和贡献率。由表 5 - 26 可知，首先，特征根 $\lambda_1 = 6.864680181$，特征根 $\lambda_2 = 4.015522039$，特征根 $\lambda_3 = 1.547000926$，累计方差贡献率达 95.594%，这表明前三个主成分承载了最初 13 个指标 95.594% 的有效信息，故这三个主成分可以被用来代表最初 13 个指标；其次，为了方便后面的计算，现将这三个主成分分别记为主成分 F_1，F_2 和 F_3。

表 5 - 27　主成分载荷矩阵

指标	元件		
	1	2	3
科学研究与开发机构数（Z_1）	0.473052291	− 0.76898725	− 0.25604428
地方财政科学技术支出（Z_2）	0.597624953	0.606823104	− 0.40042433
科学技术支出占地方财政总支出的比重（Z_3）	0.089297555	0.991783065	0.032003468
研究与试验发展经费（Z_4）	0.965871713	0.014113124	− 0.21322003
研究与试验发展经费占国民生产总值比重（Z_5）	0.95277282	0.221280078	− 0.06028942
普通高等学校所数（Z_6）	0.402807646	− 0.85401736	0.175857986
普通高等院校各类专业本科学生在校学生数（Z_7）	− 0.02326983	− 0.79193503	0.566610263
专利授权量（Z_8）	0.966474244	0.219933955	0.041931037
每万人专利授权量（Z_9）	− 0.02292991	0.548389994	0.804363279
发明类专利授权量（Z_{10}）	0.990850151	0.030595688	0.055134635
每万人发明专利授权量（Z_{11}）	0.75181753	0.405728247	0.511081794
技术市场成交合同数（Z_{12}）	0.946442467	− 0.27847643	0.045304055
技术市场合同成交金额（Z_{13}）	0.946005903	− 0.2728347	0.062866404

第五步，分析主成分载荷矩阵。利用主成分载荷向量除以主成分特征值的算术平方根，可求得主成分得分系数矩阵（见表 5 - 28）。

表 5 - 28　主成分得分系数矩阵

	F_1 系数	F_2 系数	F_3 系数
Z_1	0.180550625	− 0.383749773	− 0.205858971
Z_2	0.228096472	0.302824564	− 0.321940173

	F_1 系数	F_2 系数	F_3 系数
Z_3	0.034082341	0.494932168	0.025730709
Z_4	0.368645802	0.00704291	-0.171428376
Z_5	0.363646327	0.110425992	-0.048472548
Z_6	0.153740239	-0.426182576	0.141389386
Z_7	-0.008881433	-0.395201466	0.455553251
Z_8	0.368875771	0.109754233	0.03371245
Z_9	-0.008751694	0.273664532	0.646706087
Z_{10}	0.378179363	0.015268248	0.04432811
Z_{11}	0.2869474	0.202471657	0.410908499
Z_{12}	0.361230211	-0.138968841	0.036424348
Z_{13}	0.361063587	-0.136153434	0.050544434

第六步，根据主成分得分系数矩阵写出主成分得分表达式。

$$F_1 = 0.180550625Z_1 + 0.228096472Z_2 + 0.034082341Z_3 + 0.368645802Z_4 + 0.363646327Z_5$$
$$+ 0.153740239Z_6 - 0.008881433Z_7 + 0.368875771Z_8 - 0.008751694Z_9 + 0.378179363Z_{10}$$
$$+ 0.2869474Z_{11} + 0.361230211Z_{12} + 0.361063587Z_{13}$$

$$F_2 = -0.383749773Z_1 + 0.302824564Z_2 + 0.494932168Z_3 + 0.00704291Z_4 + 0.110425992Z_5$$
$$- 0.426182576Z_6 - 0.395201466Z_7 + 0.109754233Z_8 + 0.273664532Z_9 + 0.015268248Z_{10}$$
$$+ 0.202471657Z_{11} - 0.138968841Z_{12} - 0.136153434Z_{13}$$

$$F_3 = -0.205858971Z_1 - 0.321940173Z_2 + 0.025730709Z_3 - 0.171428376Z_4 - 0.048472548Z_5$$
$$+ 0.141389386Z_6 + 0.455553251Z_7 + 0.03371245Z_8 + 0.646706087Z_9 + 0.04432811Z_{10}$$
$$+ 0.410908499Z_{11} + 0.036424348Z_{12} + 0.050544434Z_{13}$$

第七步，将各指标的标准化数据 $Z_1 \sim Z_{13}$ 代入 F_1，F_2 和 F_3 表达式求得各主成分得分（见表 5-29）。

表 5-29 主成分得分

城市	F_1	F_2	F_3
北京	4.869752822	-1.08283206	0.565010823
上海	0.390868838	-0.203799035	-1.370518129

续表

城市	F_1	F_2	F_3
广州	−1.730012027	−1.365164209	1.283341726
深圳	0.296063445	3.796223168	−0.206845008
天津	−1.749303935	−1.555493379	−1.515892679
杭州	−2.077370227	0.411054589	1.244887215

第八步，以各主成分的贡献率为权数对主成分得分进行加权平均，即综合得分 F 表达式为

$$F = \frac{F_1 \times 52.80523216 + F_2 \times 30.88863107 + F_3 \times 11.90000712}{95.594}$$

将各主成分得分代入 F 表达式求得综合得分并排名（见表 5 – 30）。

表 5 – 30　2016 年样本城市创新能力综合得分及排名情况

城市	综合得分	排名
北京	2.410456447	1
上海	−0.020548691	3
广州	−1.23700363	5
深圳	1.364442911	2
天津	−1.657622969	6
杭州	−0.859730196	4

第九步，结果分析。

就表 5 – 30 所呈现的综合得分及排名而言，北京以绝对优势排在第一，这很大程度上是源于北京持续大规模创新投入带来持续大规模创新产出，例如在研究与试验发展经费、普通高等学校、专利授权情况和技术市场成交情况上北京都遥遥领先于其他城市。深圳排名得以跃居第二，则更多的是靠着大幅度地提高科学技术支出等创新投入换来的，创新投入的加大明显加强了深圳创新产出的产量，这些从深圳专利授权量和发明专利授权量的增长曲线中可窥见一斑。上海排名落在第三，一定程度上反映了上海创新投入相对深圳不足的情况，由于拥有前期积累较好的资源，故并没有被深圳大幅度拉开

差距。广州在北上广深之列排在末位，最明显的因素是由于广州无论是科学技术支出还是研究与试验发展经费一直都大幅度落后于其他三者，在创新投入中广州仅有高等院校方面尚有部分优势，故目前广州的困局是低投入带来低产出的恶性循环可能。杭州虽然在体量上相对小于其他城市，但在人均方面，无论是创新投入还是创新产出都不显逊色；而天津在科学技术支出、专利授权情况和技术市场成交情况等方面都稍显增长停滞迹象，故天津和杭州的排名也就不难理解。

根据上述的计算方法，可分别计算出 2012～2016 年各城市的创新能力综合得分，如表 5-31、图 5-14。

表 5-31 2012～2016 年样本城市创新能力综合得分情况

年份 城市	2012	2013	2014	2015	2016
北京	2.92	2.99	3.39	3.23	2.41
上海	0.52	0.01	0.43	0.18	-0.02
广州	-1.05	-0.72	-1	-0.91	-1.24
深圳	0.1	-0.23	-0.05	0.17	1.36
天津	-1.61	-1.52	-1.58	-1.62	-1.66
杭州	-0.88	-0.52	-1.2	-1.04	-0.86

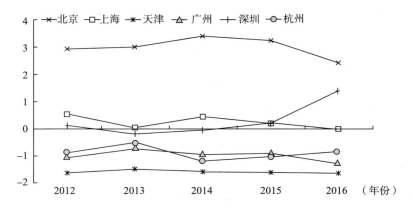

图 5-14 2012～2016 年样本城市创新能力综合得分情况

数据显示，北京城市创新能力综合得分整体呈现"上升—下降"走势，从 2012 年的 2.92 增长至 2014 年的 3.39，增长了 16.1%，平均年增长率为 7.75%；从 2014 年的 3.39 减少至 2016 年的 2.41，减少了 28.91%，平均年增长率为 -15.68%；故整体来看，前面三年增长的幅度不及后面两年减少的幅度，五年间北京城市创新能力水平在下降，然而北京作为唯一一个创新能力综合得分保持在 2 以上的城市，未来一段时间内其他城市都难以对其领跑地位产生威胁。深圳城市创新能力综合得分整体呈现"波动式增长—爆发式增长"走势，从 2012 年的 0.1 增长至 2015 年的 0.17，四年间仅增长了 0.07，其间还一度下跌至 -0.23；从 2015 年的 0.17 增长至 2016 年的 1.36，增加了 7 倍，成功突破了 1 的门槛，领先地位目前仅次于北京。上海城市创新能力综合得分整体呈现下降趋势，从 2012 年的 0.52 下降至 2016 年的 -0.02，减少了 103.85%，其间被深圳反超，五年间从小幅度领先深圳转变成小幅度落后于深圳。广州城市创新能力综合得分保持波动式增长，从 2012 年的 -1.05 下跌至 2016 年的 -1.24，2011～2015 年与杭州不分伯仲，2015～2016 年被杭州拉开差距，目前排在第五位。杭州城市创新能力综合得分五年间围绕 -1 上下波动，增长近乎停滞，走势与广州纠缠了五年后最终因广州持续下滑得以与其拉开差距。天津城市创新能力综合得分呈现出"稳定—下跌"走势，2012～2015 年稳定在 -1.6 左右，2015～2016 年却从 -1.62 下跌至 -1.66，目前处于排名长期垫底状态。

4 制约因素

4.1 科技经费投入不足

2015 年，广州的财政科技支出经费为 88.67 亿元，深圳却已高达 214.32 亿元，接近广州的 2.5 倍。"十二五"期间广州全社会研究与试验发展经费占国民生产总值的比重长期徘徊在 2% 左右，虽然在 2015 年实施了倍增计划，2016 年研发投入强度也只有 2.34%，仅达到广东省的平均水平，远低于深圳 4.3%、北京 5.78%、上海 3.72% 等同一线城市水平，在四个一线城市中长期居于末位。研发投入不足已严重影响了城市的科技研发能力和整体创新能力。在科技资源条件方面，广州在广东省具有得天独厚的优势，拥有全省 70% 的高校和科研机构。但受到研发经费投入强度偏低、新型科研机构运营经费不足以及传统科研机构体制机制不畅等因素的影响，当前广州市的科技创新产出能力相对较弱，这与广州拥有丰富的科技资源条件及实施科技创新发展战略的需要完全不匹配，广州的科技资源优势未能充分发挥出来。

4.2　科技成果转化机制不完善

科技成果转化是实现创新驱动发展的动力，但也是当下广州科技创新中最薄弱的一环，科技成果转化率低下已成为广州创新发展的最大突出问题。而科技成果转化难的关键原因，是当下广州的科技成果转化机制和服务体系尚未完善。一方面，广州以企业为主导的产学研协同创新机制还没有完全建立起来，一些科技研发与市场脱节，导致科技研发未能成为产业发展的推动力。广州地区拥有 82 所高等院校，中央、省、市所属科研院所分别有 20 所、70 所和 62 所，科技创新活动和科研成果主要集中在高校和国有科研院所，但在现今重理论成果、轻科技成果运用的科研考核和职称评定环境下，一些高等院校和科研机构取得的科研成果本身就很难转化成市场切实需要的产品。另一方面，广州促进科技成果转化的金融服务体系并不完善，激励风险投资、投资银行支持科技成果转化的市场机制还没有完全建立起来。广州的科技金融中介服务发展比较滞后，风险投资机构较少；而且由于缺乏强有力的政策激励，风险投资因惧怕市场风险，看不到盈利前景而对科研项目的投资积极性不够，许多优秀科技成果因缺乏资金支持而只能一直躺在实验室，未能面世。

4.3　研发能力与支柱产业匹配不够

广州拥有众多科研院所，在第四轮学科评估中，广州地区高校取得了 4 个 A+，27 个 A 及 A− 的良好成绩。其中，理工科 A 类学科主要集中在数学、物理学、化学、生物学、生态学、机械工程、材料科学与工程、控制科学与工程、化学工程与技术、轻工技术与工程、环境科学与工程、食品科学与工程、兽医学、基础医学、临床医学、中西医结合、药学、管理科学与工程 18 个学科领域。与广州已有汽车制造业、电子制造业、石油化工制造业等支柱产业匹配度较差。这一方面制约了科研院所科技成果的及时转化，另一方面也制约了广州支柱产业的新产品开发能力与发展后劲。

第六章　城市综合竞争力研究

1　城市竞争力综合比较

1.1　评估依据

紧紧围绕已建立的城市综合竞争力评价指标体系，本书通过对广州城市的经济总量、产业结构、创新能力、营商环境四个维度进行横向、纵向科学全面的对比分析，了解广州各方面的发展现状及其各方面发展与其他一线城市的差距以及优势。同时，为了更全面科学直观地测度广州与其他一线城市的综合竞争力差距，我们选取了代表老牌一线城市的北京和上海，代表新兴城市的深圳和天津这四个城市与广州比较，汇总整理了4份分报告中已有的2012～2016年北上广深津五个城市不同维度竞争力排名指数，通过运用科学的主成分分析法，计算得出这五个城市的综合竞争力指数，从而为这五个城市的综合竞争力做出一个合理科学的排名，对本次研究主题"广州是否已退出一线城市"做出更为有力的判断。

1.2　评估结果

本文运用了主成分分析法汇总制作了2012 - 2016年北上广深津五个城市在经济总量、产业结构、创新能力、营商环境四个维度竞争力排名指数表（见表6 - 1、表6 - 2、表6 - 3、表6 - 4、表6 - 5）。

表 6 - 1　2012 年北上广深津四维度竞争力指数

城市	1. 经济指数	2. 产业指数	3. 营商指数	4. 创新指数
北京	1.4840	2.3285	- 1.1303	2.9200
上海	2.0200	0.8856	3.7842	0.5200
广州	- 0.2600	- 0.4038	- 0.9216	- 1.0500
深圳	- 0.5900	- 0.4066	- 0.8973	0.1000
天津	- 0.7800	- 2.4037	- 0.8351	- 1.6100

表 6 - 2　2013 年北上广深津四维度竞争力指数

城市	1. 经济指数	2. 产业指数	3. 营商指数	4. 创新指数
北京	1.0074	2.1446	- 1.2305	2.9900
上海	1.4031	1.0350	3.7151	0.0100
广州	0.0875	- 0.4095	- 1.3303	- 0.7200
深圳	0.0084	- 0.4638	- 0.3108	- 0.2300
天津	- 1.2893	- 2.3063	- 0.8435	- 1.5200

表 6 - 3　2014 年北上广深津四维度竞争力指数

城市	1. 经济指数	2. 产业指数	3. 营商指数	4. 创新指数
北京	1.3399	2.1709	- 1.5600	3.3900
上海	2.3322	1.1963	3.4126	0.4300
广州	0.0057	- 0.4566	- 1.1385	- 1.0000
深圳	- 0.7054	- 0.5567	- 0.7816	- 0.0500
天津	- 1.4021	- 2.3539	0.0675	- 1.5800

表 6 - 4　2015 年北上广深津四维度竞争力指数

城市	1. 经济指数	2. 产业指数	3. 营商指数	4. 创新指数
北京	1.2845	2.0966	- 0.7711	3.2300
上海	1.9317	1.1784	3.3625	0.1800
广州	- 0.3986	- 0.3795	- 1.3093	- 0.9100
深圳	0.2139	- 0.5946	- 0.9921	0.1700
天津	- 1.9129	- 2.3009	- 0.2901	- 1.6200

表 6 − 5　2016 年北上广深津四维度竞争力指数

城市	1. 经济指数	2. 产业指数	3. 营商指数	4. 创新指数
北京	1.2747	1.9216	1.1364	2.4100
上海	2.0233	1.2777	0.9949	− 0.0200
广州	− 0.5815	− 0.6029	1.0250	− 1.2400
深圳	0.0293	− 0.6008	− 1.1073	1.3600
天津	− 2.0771	− 1.9955	− 2.0491	− 1.6600

　　运用以上数据通过软件计算，得出 2012 − 2016 年五个城市包括经济总量、产业结构、创新能力以及营商环境四维度的城市综合竞争力指数，如表 6 − 6。

表 6 − 6　2012 ~ 2016 年北上广深津城市综合竞争力指数

城市	2012 年	2013 年	2014 年	2015 年	2016 年
北京	1.7651	1.4241	1.6246	1.8101	3.3132
上海	3.0262	2.6130	2.9685	2.8381	2.2587
深圳	− 0.7932	− 0.3541	− 0.8554	− 0.5202	− 0.2595
广州	− 0.9149	− 0.8314	− 0.8315	− 1.1046	− 0.6972
天津	− 2.0174	− 2.1686	− 1.8790	− 2.2667	− 3.8943

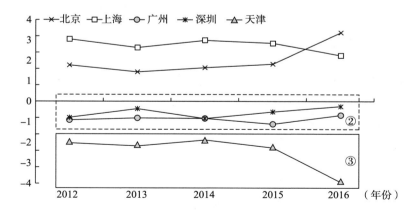

图 6 − 1　2012 − 2016 年北上广深津城市综合竞争力指数折线

　　从表 6 − 6 的数据以及图 6 − 1 城市综合竞争力指数折线图可以看出，

2016 年广州排在五个城市中的第 4 位,在整体实力上逊色于北京和上海这种资力雄厚的老牌一线城市,也比新兴的深圳要落后一点,但比邻近北京的天津要强。从 2012 - 2016 年这五年排位分析,北京、上海、广州、深圳、天津五个城市的综合竞争力主要分成了三个梯队,第一梯队是北京、上海这两个直辖市,一个是政治中心,另一个是改革开放的排头兵,在近年来城市竞争力越来越强,这两个城市也是出现在世界银行出版的《营商环境报告》中的中国城市,具有较强的竞争力。第二梯队是深圳和广州。广州很早就被称为一线城市,而深圳是后来居上的一个一线城市,从近五年的数据来看,深圳均以略微优势领跑广州,排名第三。第三梯队是天津这类的新兴城市,依附着北京的资源,在新兴城市中具有较强的竞争力。

2　广州城市综合竞争力发展趋势

从纵向评估广州城市综合竞争力结果来看,整体上广州的综合竞争力处在一个不错的水平。为了更加细致全面研究广州综合竞争力的实力大小以及综合竞争力里面城市经济总量、产业结构、创新能力以及营商环境各自发展的水平,我们紧紧围绕已建立的城市综合竞争力评价指标体系,对广州四大维度城市竞争力现状及发展趋势进行了如下评估。

2.1　经济总量稳步上升

2015 年,广州市实现地区生产总值(GDP)18100.41 亿元,按可比价格计算,地区生产总值比上年增长 8.4%。其中,第一产业增加值 228.09 亿元,增长 2.5%;第二产业增加值 5786.21 亿元,增长 6.8%;第三产业增加值 12086.11 亿元,增长 9.5%。第一、二、三产业增加值的比例为1.26∶31.97∶66.77。三大产业对经济增长的贡献率分别为 0.4%、29.0% 和70.6%。人均地区生产总值 136188 元。社会消费品零售总额 7987.96 亿元。广州 2015 年生产总值平稳发展。

在居民消费这一部分,广州居民人均可支配收入从 2010 年的 30658.49

元，到 2015 年达到了 46734.6 元的位置，突破了 4 万元大关。广州 2015 全年的消费物价指数为 101.7，数据显示，近年来，广州市消费物价指数趋向于 100，稳定的物价有利于经济更好地发展前行，与全国消费物价指数对比，总体走势与中国消费物价指数相符。

政府财政方面，广州地方公共财政收入逐年增加，呈一种缓慢增长趋势，但是 2015 年公共财政收入仅为 1349.09 亿元，相比于其他城市略显不足。

总的来说，广州的经济总体保持了一个增长的水平，但是广州所处的地理位置与深圳邻近，经济增长的速度，甚至财政方面比深圳的水平还要低，虽然现在对广州的经济看起来没有什么影响，但是长久来看，是不利于广州的发展的。

2.2 产业结构优势凸显

广州是中国南部重要的金融贸易中心、港口城市。在近代以来的不断发展中，广州逐渐形成了以服务业和工业为主、农业为辅的产业发展格局。在服务业方面，广州在商业贸易服务、金融服务以及会展服务等第三产业行业里走在中国的前列，有力地带动广州经济的腾飞。在工业方面，广州是工业基地、华南地区的综合性工业制造中心，形成了门类齐全、轻工业较为发达、重工业有一定基础的外向型现代工业体系。中国 40 个工业行业大类中，广州就拥有 34 个。广州工业增加值在广州地区生产总值中的比重超过 1/3。而规模以上的高新技术制造业汽车制造、电子通信和石油化工三大支柱产业的工业产值约占广州工业总产值的 1/3。在农业方面，广州则以蔬菜、水果、花卉等农业产业为主，打造"水果之乡""南方花都"城市名片，推动广州经济多元化的可持续发展。

2.2.1 高新技术产业基本情况

经过近十几年的发展，广州高新技术产业已具有较大规模，在通信和其他电子设备制造业、汽车制造业等高新技术行业形成了一定的规模与优势。

就 2016 年而言，广州市工业高新技术产品产值达 9109.85 亿元，占规模以上工业总产值的 46.5%，相较于 2015 年的 43% 上涨 3.5 个百分点；工业高新技术出口产品销售收入占工业出口产品交货值比重的 39.5%，高新技术产品输出能力越来越强。规模以上高技术制造业增加值 664.55 亿元，增长 7.5%，其中，医药制造业增长 17.8%，电子及通信设备制造业增长 7.2%，医疗设备及仪器仪表制造业增长 5.1%，同时航空航天器制造业下降 4.8%，电子计算机及办公设备制造业下降 2.6%。全年规模以上汽车制造业、电子产品制造业和石油化工制造业三大支柱产业完成工业总产值 9693.48 亿元，增长 7.6%，占全市规模以上工业总产值的比重 49.57%。其中，汽车制造业和电子产品制造业分别完成工业总产值 4346.27 亿元和 2892.88 亿元，分别增长 12.6% 和 7.9%，石油化工制造业完成工业总产值 2454.33 亿元，下降 0.3%。

在高新技术产业产值快速增长的同时，高新技术企业也呈现爆发式增长。2016 年广州市净增高企 2820 家，居全国第二，是 2015 年净增数 263 家的 10 倍多，增速居全国副省级以上城市首位，目前全市高新技术企业累计达到 4740 家。在这 4740 家高新技术企业里，按企业规模分有：规模以上工业企业 866 家；年营业收入超过 50 亿元 18 家、超过 10 亿元 123 家；2 家成为世界企业 500 强、10 家成为中国企业 500 强、4 家成为中国制造业企业 500 强、10 家成为中国服务业企业 500 强；89 家在境内外主板上市、266 家在新三板挂牌。按行业分有：电子信息领域 2054 家，先进制造与自动化（高新技术改造传统产业）领域 746 家，高技术服务领域 674 家，生物与新医药领域 457 家，新材料新技术领域 409 家，以上五个技术领域涵盖全市高新技术企业总量的 91%。

高新技术产业创新研发必不可少，在创新研发投入方面，广州高新技术企业表现强劲。2016 年全市高新技术企业在 R&D 投入方面约占全市 R&D 投入的 69%，投入费用比 2015 年增长 8%；专利申请量约占全市专利申请量的 23%，其中发明专利占了一半。

总体而言，目前广州形成了以广州高新技术开发区为龙头和依托的高新技术产业园区与特色的产业基地，已建有信息、软件、生物、新材料、高技术服务业、综合性高技术产业六大国家级高技术产业基地。截至2016年年底，全市拥有国家工程技术研究中心18家，国家级企业技术中心24家，国家重点实验室19家，国家级孵化器培育单位14家；省级工程技术研究中心658家，省级重点实验室191家，省级新型研发机构44家，省级众创空间试点单位27家；市级企业研发机构1734家，市级重点实验室137家；国家级、省级大学科技园6个。对比过去四年情况，广州的高新技术产业稳中求胜，发展平稳。

2.2.2　服务业基本情况

广州号称"千年商埠"，历史上一直是中国最重要的商业中心之一，发展现代服务业具有明显优势。从服务业总量来看，2012~2016年广州市第三产业增加值从8616.8亿元增加到13556.57亿元，在GDP中的占比也处于不断上升趋势，从63.58%增加到69.36%，产业结构不断升级，服务业实现稳定发展。同时，根据有关数据资料显示，2012~2016年广州市第三产业就业人口比例处于上升趋势，从2012年的4048063人涨到2016年的4800855人，反映了服务业发展的巨大就业潜力。同时，第三产业固定资产投资从3151.31亿元增加到4950.43亿元，投资提速保证了服务业发展的可能与空间。

通过与可比城市服务业的比较分析，结合广州市现有规划，认为与国内服务业其他发达地区相比，广州市具有明显优势，因此，大力发展服务业是促进广州市产业调整、转型的新契机，可将其打造成国际服务之都。

2.3　创新能力显著增强

近年来，广州以创新驱动发展战略为引领，积极实施财政投入和孵化器双倍增计划，在知识产权保护、创新创业孵化体系建设、科技与金融结合、国际与区域科技合作、科技创新走廊建设等方面取得重大进展。根据近年来广州创立市科技创新委员会和建设以广州高新区为核心的珠三角国家自主创新示范区来看，我们预测广州将会继续加大对科技创新的财政经费投入，预计在未来几年广州在科技研发投入强度、科技金融融合、孵化器建设等方面会取得更大突破。

2.3.1　广州知识产权法院创建实施

2015 年是广州知识产权法院创建后的第一个运作年，其创建目的是为了加大对专利侵权案件的审理力度和加强科技创新的司法保护工作。在这一年里，广州知识产权法院共受理专利、技术秘密、计算机软件、集成电路布图设计、植物新品种等各类知识产权案件 4862 件，其中民事案件 4843 件，行政案件 19 件；一审、二审、再审案件分别为 2820 件、2035 件、7 件。审结案件达 3238 件，其中一审、二审、再审案件分别为 1317 件、1914 件、7 件，结案率达到了 66.6%，解决诉讼标的金额达 1.6 亿余元。随着知识产权司法保护的不断强化，广州创新创业发展环境已出现明显改善，这为广州城市创新能力得到质的提升创造了良好的条件。

2.3.2　孵化器和众创空间建设

孵化器倍增计划顺利实施，积极打造苗圃、孵化，加速全链条孵化育成服务体系，众创空间、孵化器发展实现数量和质量的双提升。2016 年，广州新增众创空间 80 家，众创空间总量达到 115 家，同比增长 229%，其中 45 家被纳入国家级孵化器管理支持体系。新增科技企业孵化器 73 家，孵化器总量达到 192 家，其中 21 家为国家级孵化器。孵化面积达到 840 万平方米，孵化企业已超过 10000 家。在孵化器数量快速增长的同时，广州在全国率先制定了科技企业孵化器绩效评价指标体系，着力提升孵化器服务质量和水平。被评为优秀国家级科技企业孵化器的数量连续两年居全国前列，广州开发区科技企业孵化器集群创新实践荣获广东省科技奖特等奖。

众创空间发展势头较好，涌现了创新谷、创客街、一起开工社区、羊城同城汇、瞪羚咖啡、伯乐咖啡等 50 多家模式多样、形态丰富的众创空间。其中，14 家众创空间被科技部火炬中心批准纳入国家级科技企业孵化器管理服务体系，成为推动广州地区大众创业、万众创新的重要平台。

2.3.3　科技金融融合发展

近年来，广州科技与金融融合发展取得重大进展。2015 年，有 6 家科技支行获批，创新科技信贷产品达 30 余种，为 600 家企业提供银行贷款授信 80 亿元。设立了首期资金达 4 亿元的广州市科技型中小企业信贷风险补偿资金池，重点用于推进金融机构加大对广州科技中小企业的信贷支持。同时，广州完善了覆盖科技企业初创期、成长期和发展期等不同阶段的梯次扶持措施，培育科技创新小巨人企业及高新技术企业行动计划正式启动；市区联动对在"新三板"挂牌的科技企业给予分阶段补助，目前已完成挂牌企业 63 家。以企业法人方式注册成立了广州市科技金融综合服务中心，搭建起涵盖科技信贷、上市培育、互联网众筹等服务内容的科技金融服务平台。2016 年，广州市财政在科技金融方面投入资金 10.19 亿元，引导了近 290 亿元社会资金，放大倍数 28.5 倍。其中，在科技投资双向激励补助创新政策的推动下，2015 年以来市财政共投入 1.46 亿元双向激励补助资金，支持鼓励 212 家初创期科技企业引入社会资本达到 24.32 亿元。2015 年设立的科技型中小企业信贷风险补偿资金池，该项目自 2016 年初正式运作以来，已对 418 家科技企业出具贷款确认书，授信金额总计达到 42.47 亿元，授信规模排在全国各大城市首位。在科技信贷贴息政策的推动下，全年共有 143 家科技企业获得银行贷款 30.63 亿元。同时，广州创业投资引导基金出资 1.8 亿元，与深创投等国内外知名投资机构合作建立了 4 只创业投资子基金，创投规模达 15 亿元，并吸引了其他社会资本投资广州本地的 26 个科技创新项目，投资规模达 54 亿元。

2.3.4　合作共建创新平台

近年来，随着广州创新创业环境的不断优化提升、科技创新的吸引力不断增强，广州对外科技交流活动日益密切，其以合作共建国际创新平台为主要特征和纽带。

2015 年 12 月，广州大学城管委会与美中硅谷协会达成共建"超谷科技园"的合作协议，首批将从硅谷地区引进 20 个项目，预计 6 年内引进和孵化落地 120 个项目。

"十二五"期间广州已先后与乌克兰、美国、英国、德国和中国港澳台等多个国家和地区开展了深入的国际技术合作与交流，合作共建了中乌巴顿焊接研究院、中乌万力国际创新园、广州转化医学研究所等一批高水平国际技术合作平台。国际技术合作平台类建设项目数量从 2011 年的 8 个提高到 2015 年的 39 个。其中穗港澳台技术合作发展尤为迅速，类似穗港新药临床研究合作中心、穗台新兴产业关键技术交流合作服务平台等的穗港澳台合作创新平台项目已达到 15 个。

目前广州高新开发区已与新加坡、以色列、欧盟、英国合作共建了四大国际科技合作创新平台。其中，与新加坡合作开发知识城，建设了知识产权园区、腾飞科技园、院士专家创新创业园、东方医学谷等重大科技创新平台。与以色列合作共建中以生命科技园，成立了中以机器人研究院。与欧盟合作共建了中欧合作创新园，在技术创新、新能源、环境保护等方面的科技合作不断深化。与英国共同搭建的"中英生物科技之桥"项目自 2011 年以来已累计推出了 120 个高水平科技合作项目。三星、IBM 等 80 多家世界 500 强企业在开发区内设立了企业研发中心，引进了卡尔蔡司研究院、三星通信研究院等一批跨国研发机构，以及瑞士通标、英国天祥等 20 余家国际检测认证机构。德国慕尼黑工业大学、新加坡南洋理工大学与华南理工大学合作共建的联合研究院也落户广州开发区。

广州超算中心也与一些国际一流水平的科研机构开启了国际化的强强联合。2015 年 5 月，台湾成功大学超算中心与广州超级计算中心签订合作备忘录。目前，广州超算中心已与诸多英国科研机构建立合作伙伴关系，包括英国科技设施委员会下属的哈璀超级计算中心、爱丁堡大学超级计算中心、伦敦帝国理工学院等。

2.3.5 产学研协同创新

近年来，广州积极探索协同创新机制体制创新，发挥市场的资源配置作用和企业创新主体的积极性，大力推动企业牵头的产学研协同创新，形成政府搭台，企业、高校、科研机构唱戏的良好局面。在广州产学研协同创新联盟框架下，广州已围绕健康医疗、光机电一体化、3D 打印物联网、工业机器人等重点产业领域组建了 12 个协同创新中心联盟。联盟按照协同创新项目管理办法，计划每年重点支持 10~20 项产学研协同创新重大项目，推进科研成果转化。作为协同创新联盟的先导项目，从 2014 年起，广州市财政每年安排资金 1 亿元，连续实施 5 年，用于支持健康医疗协同创新重大专项发展，到 2015 年已连续实施三期。首期重大专项包括常见多发恶性肿瘤综合防治、呼吸道新发突发及重大传染病综合防治、重大疾病干细胞治疗技术创新与临床转化、医学诊断技术和产品创新及应用 4 个专项。二期重大专项包括恶性肿瘤综合防治、重大传染性疾病综合防治、干细胞与再生医学技术创新与临床应用、医学诊治创新技术产品及组学大数据平台 4 个专项，立项项目共 18 个。三期重大专项包括精准医疗新技术及应用研究、重大传染疾病防治新技术及应用研究、干细胞与再生医学技术创新及转化应用、重大慢性疾病早防早诊早治新技术及应用研究 4 个专项。到 2015 年底已完成项目论证，拟立项项目 20 个。

2.3.6 科技创新走廊打造

根据《广州国家自主创新示范区建设实施方案（2016～2020 年）》和《广州国家自主创新示范区空间规划（2016～2025 年）》，广州从 2016 年开始推进院士专家创新创业园、软件产业集中孵化中心三期、通用生物产业园、思科智慧城等重大科技项目建设进程，着力打造以高新区、中新知识城、科学城、天河智慧城、琶洲互联网创新集聚区、国际生物岛、大学城、国际创新城、民营科技园、南沙明珠科技城等创新创业发展平台为核心载体的科技创新走廊和珠江沿岸创新带。广州科技创新走廊和珠江沿岸创新带这些重大平台所属的天河区、黄埔区和番禺区势必在技术、人才、资本、产业等创新要素上进一步高度集聚，成为拉动广州创新驱动发展的"三驾马车"。高校和金融资源最为丰富、众创空间和科技服务业高度发达的天河区，以及高新技术企业最为富集的黄埔区，是广州科技创新较为活跃的地区，在科技创新成果数量与质量、高新技术企业数量与产值规模等方面一直遥遥领先于其他城区。近年来，番禺区随着大学城和"天河二号"超算中心的创新引领效应逐步显现，国际创新城的规划建设，思科、浪潮等一大批重大科技产业化项目在番禺抢滩登陆，番禺区逐渐走向广州科技创新的中心地带。广州科技发展的"双核"格局随着番禺区的快速崛起将逐步打破，预计将进入"三足鼎立"的新时代。

2.3.7 重大创新平台和孵化体系建设

在关于科技创新载体和创新平台建设方面，2015年底广州建设以广州高新区为核心的珠三角国家自主创新示范区的实施方案获得国务院正式批准。按照国家定位，示范区将打造成为国际一流的创新创业中心，成为我国的开放创新先行区、转型升级引领区、协同创新示范区和创新创业生态区。

近年来，国家超级计算广州中心的建设和应用推广加快了步伐，"天河二号"超级计算机运算速度6次蝉联世界第一，中心已为660多家用户提供典型应用服务，国家自然科学基金委员会与广东省政府已签约确定依托超算中心共建国家大数据科学研究中心。同时，随着《广州市人民政府关于促进新型研发机构建设发展的意见》的出台，广州新型研发机构建设也逐渐迈上快车道。在全国孵化器考评中有7家国家级孵化器被评为优秀，广州居全国城市榜首。并初步形成了以国家级孵化器为龙头、省市级孵化器为主体、涵盖全市的科技企业孵化器网络。

2.3.8 科技成果产出

科技资金投入的快速增长，带来了科技产出规模的迅速扩大和科技成果质量的持续提高。广州专利授权量保持逐年增长，从2011年的18346件增长至2016年的48313件，增长了1.5倍多，其中2011～2014年增长相对平缓，2014～2016年增长相对较快。发明类专利授权量的增长速度相对落后于专利授权量，从2011年的3146件增长至2016年的7668件，增长了接近1.5倍，这很大程度上受2013年发明类专利授权量仅比上年增加了28件以及年增长率不足1%的影响。

2.4 营商环境加快升级

广州土地面积7434.40平方公里，常住人口密度1759人/平方公里。同时，广州拥有越秀、海珠、荔湾、天河、白云、黄埔、南沙、番禺、花都、从化、增城11个市辖区。在广州市辖的这11个区里，越秀、海珠、荔湾、天河、白云这 5 区被视为核心区域，属于重要的交通通道，是连接其他各区之间的中枢之地，交通的便捷性、通达性能够有效带动各地区经济活动、商贸往来。

2.4.1　交通邮电

改革开放以来，经过 40 年的努力，广州已逐渐发展成为国际航空、国际航运中心，并基本形成由公共汽车、出租车以及地下轨道交通为主体的现代城市综合公共交通运输体系。广州综合交通运输体系发展水平领先于全国的优势，强化了广州的辐射与保障能力。广州市陆运运输交通体系，主要包含 960 条高速、1042 条一级公路、915 条二级公路形成的骨干交通网，以及 1462 条三级公路、4013 条四级公路组成的次要交通网，另外还有 30 个城市出入口、3003 座桥梁等形成的城市道路系统。道路总长度高达 4425 公里，道路面积 146 平方公里。

广州港是国家综合运输体系的重要枢纽。2016 年完成货物吞吐量 56619 万吨，排名全国第四，广州港与世界 100 多个国家和地区的 400 多个港口有海运贸易往来，港口泊位达 800 多个，万吨级别的共有 76 个。注册营运船舶 1588 艘，2602 万吨净载重量，南沙港区至珠江出海口航道水深 17 米，有效宽度 243 米，可满足 10 万吨级集装箱船不乘潮单向通航和兼顾 12 万吨级散货船乘潮单向通航，可满足 5 万吨级船舶不乘潮双向通航进出南沙港，可满足目前世界最大集装箱船进出港要求。截至 2016 年末，白云国际机场已拥有 245 条航线，其中 87 条国际航线，158 条国内航线，201 个通航城市基本覆盖国内和国际主要城市。

互联网、移动电话、固定电话等技术变革的出现，改变了传统的个人邮政方式，邮电业务给城市发展带来了巨大的效益。2016 年广州市邮电业务总量达 1628.3 亿元，同比上年增长了 56.7%，其中邮政业务总量 611.3 亿元，同比上年增长 53.7%，电信业务总量 1017.0 亿元，同比上年增长 46.3%，邮电业务收入约 648.9 亿元，占广州市地区生产总值的 3.3%，同比上年增加了 0.34%。历史地看，广东省邮电通信业务量的分布特征呈现出一定的阶段性——20 世纪 80 年代以广州为单中心，90 年代初的广州、深圳双中心，再到 90 年代中期以来的广州、深圳、佛山、东莞"两主两副"四中心，广东邮电通信业正在朝着多极化方向发展。

广州作为中国"南大门"，华南地区的中心城市，可谓珠江三角洲的客运总枢纽。高铁的开通，强化了广州与珠三角的交通联系，广州交通辐射能力进一步加强。在公共交通方面，据广州市交通局公布的数据，公共汽车站点数共 25842 个，拥有 1167 条公共汽车路线数量，营运线路长度 20612 公里。广州市城市轨道交通共 13 条地铁路线，营运线路长度 316 公里，总长 390.5 公里，共 205 座车站，列车运行图兑现率、正点率分别达到 99.98%、99.96%。地铁线路网 2016 年全年安全运送乘客 25.7 亿人次，客流强度居全国首位，日均客运量达 702 万人次，单日最高客运量近 900 万人次。随着滴滴打车等网络专车业务的兴起，很大程度影响了出租车的发展，广州 2016 年出租车车辆数 54621 辆，同比上年下降 13.9%。而私家车的增长，以及城市道路建设，导致传统轮渡没落，轮渡更多地成为旅游业务，2016 年广州轮渡全年客运量 1705 万人次，同比上年下降 17.1%，营运线路 14 条。完整的公共交通系统为广大人民群众提供了"舒适、快捷、经济"的乘车条件，方便了出行，降低了交通时间成本。

2.4.2 市场宏观环境

广州作为我国第一经济大省的省会，城市化水平较高，与深圳、杭州等城市相比，辖区范围较大，经济发展空间潜力巨大，以信息电子产业、汽车制造业为主体的先进制造业水平较高，发展速度较快，但相比较来说，民营经济成分占比偏低，经济活力稍有欠缺。在 1500 万左右的各类人口中，七成以上人口为外地迁移人口，登记流动人口 600 多万，并预留了 2020 年 1800 万人口的发展空间。巨大的流动人口，为广州带来源源不断的各类型劳动力。广州居民低调、务实，消费理性，消费能力较高，重视品牌与质量。广州消费环境有助于高质量产品市场的形成，可以为产业升级与高质量发展提供良好的市场环境。同时，广州传统批发业及传统商业发达，本地消费能力巨大，商品流通环节顺畅；而悠久的开埠历史及延续多年的广交会驰名海外，传统国际贸易优势明显，快速发展的跨境电商更是降低了交易成本，拓展了全球市场空间。近年来，积极推进的商事登记制度改革，以及总部经济招商政策，提供了创新创业及高端经济发展的良好政策环境。

2.4.3　创新创业环境

经过多年的发展，广州民间积累了巨大的财富；同时，近年来广州围绕"政府支持""产业发展""人才环境""研发环境""金融支持""中介服务""市场环境""创新知名度"等方面，出台了一系列创新创业的扶持政策，广州创新创业环境优良。清华大学启迪创新研究院发布的《2016 中国城市创新创业环境评价研究报告》显示，广州位居"中国城市创新创业环境排行榜"第四。2018 年初，国家出台了关于扩大对外开放积极利用外资的若干措施，推出了"开发区 23 条"，以此为契机，广州加大了改革开放的力度。广州市黄埔区、广州开发区等原有开发区，积极进行政策创新，大力推进"审批环节做减法，企业服务做加法"的行政体制改革，着力打造广州国际科技创新枢纽核心区。同时，南沙自贸区也紧锣密鼓地筹备与推进，相应的政策溢出效应日益显现。而国家粤港澳大湾区战略的提出，更是在更高层面上为广州的改革开放与经济社会发展奠定了基础，也为广州集聚创新资源、推进创新创业注入了强大的动力。

2.4.4　国际化环境

广州作为"千年商都"，地处改革开放的前沿，具有重商的社会传统。近年来，广州对外开放水平显著提高：《财富》全球论坛、世界航线发展大会等国际盛会的主场就在广州，市委市政府主动出击率团参加达沃斯论坛、博鳌亚洲论坛。通过主动持续性地在国际高端平台亮相，广州的国际影响力和城市知名度得到显著提升。同时，广州对外经济正在实现从撒网式招商向精准高端招商转化，从巩固传统产业招商向推动战略性新兴产业招商转化，从碎片化的政策扶持导向向系统化的产业生态环境构建转化。2018 年 1～7 月，广州新设外资企业 2770 家，同比增长 1.1 倍；合同外资 131.7 亿美元，增长 32.6%；实际使用外资 41.5 亿美元，增长 3.5%。但客观来说，国际大都市必须在全球具有知名度和参与权，与北京、上海相比，广州在国外的知晓度仍有差距。广州应全面梳理、建立体系，与城市创新体系、招商体系、产业体系等结合，形成更清晰的整体战略，带动企业发展和民生改善。广州不仅要打开大门，还要吸引全球精英、留得住人，实现高端要素的集聚。

2.4.5 法治环境

市场经济本质上是法治经济。法律具有稳定性和可预期性，它追求程序的公开透明和结果的公平公正，这与"稳定公平透明、可预期的营商环境"的精神高度契合。而营造良好的营商环境，关键在于提升市场的法治化水平，把产权、要素、交易、企业竞争和退出等内容纳入法治的轨道，使法律发挥管理和控制市场参与者经济行为的作用。明晰规则、减少审批、改善司法，是广州努力的方向。通过五轮行政审批制度改革，广州市政府审批事项从最初的 2700 多项减少到 191 项，精简率达 93%。广东省委政法委委托第三方机构开展的 2017 年上半年民意调查显示，广州市群众安全感、政法工作满意度、平安创建知晓度分别位列全省第三、第一和第二。在粤港澳大湾区研究院发布的 2017 年中国城市营商环境指数中，广州排名全国第一。法制环境的改善，极大地提升了广州营商吸引力。截至 2016 年底，在穗投资的外资企业达 2.7 万家，世界 500 强企业中有 120 家把总部或地区总部设在了广州。广州总部经济发展能力居全国前三。

3　广州愿景与展望

3.1　经济发展亟须科技创新新动力

广州总体经济情况仍处于国内各大城市的前列，但是发展势头强劲的深圳乃至天津大有赶超的趋势，甚至在某些方面已经超越广州，广州的经济发展后续动力不足。广州应该更加注重科技创新的作用，在传统的投资、出口及消费驱动的基础上，强化科技创新能力建设，加快发展高新技术产业及战略新兴产业，推进产业结构升级，实现经济的可持续发展。具体而言应着重做好几个方面的工作。一是打造协同创新新机制，全方位整合创新资源。广州应围绕主导产业及战略新兴产业，通过打造新兴产业研究院、众创空间等协同创新平台，配以政策环境建设，推进区域内科研院所等创新资源的整合，并集聚全球创新资源，积极构建协同创新新机制，强化创新能力，特别是基础研究及产业共性技术研发能力建设。二是打造产业化"中试"平台，强化科技成果落地转化能力。广州区域科研院所拥有众多重点学科及优势学科，科研实力强劲，但与广州现有主导产业匹配度较差，科技成果产业化存在诸多困难。广州应借鉴深圳等地的有益经验，下大力气构建市场化"产能中心"等新兴产业技术"中试"平台，强化科技成果的落地转化能力。三是优化创新资源的空间布局，促进新兴产业的集聚发展。广州已有大学城、科学城、中新知识城等众多科技创新中心，但总体来看，空间布局较为分散，功能定位不够清晰，集聚效应有待加强。广州应抢抓大湾区国家战略机遇，宏观把控"广深创新走廊"建设，以基础研究与产业共性技术研发为突破口，把控新兴产业发展方向，实现与深圳的错位发展；准确定位南沙发展战略，通过重大项目布点，优化区域创新资源的空间配置，充实广州国际科技产业创新中心城市功能。

3.2　产业结构有待优化升级

与国内服务业其他发达地区相比，广州传统服务业优势明显，在支撑城市经济发展中作用突出，但传统服务业占比偏高，生产性服务业还需加强。广州作为国家中心城市和省会城市，有责任和义务，也有基础和能力形成新的发展动力源和增长极。要围绕巩固提升"千年商都"地位，建设国际航运中心、物流中心、贸易中心和现代金融服务体系。要立足南沙新区、广州港，建设国际航运枢纽，加快南沙新区和南沙自贸试验区开发建设。升级改造黄埔临港经济区，将市区散货码头的功能逐步迁出中心城区，建设商务港，巩固提升"千年商都"的优势。立足白云国际机场，建设国际航空枢纽，大力发展临空经济和航空产业，努力建设航空港经济综合试验区，拓展广州产业发展新空间。产业结构合理，发展历史积淀深厚，基础扎实，是广州在区域解决社会竞合发展中的最大优势，在建设粤港澳大湾区的国家宏观战略布局中，广州唯有发挥综合优势，突出强项，坚持协调均衡发展，才能立于不败之地。

3.3 研发投入规模与效率有待提升

在过去一段时间，受制于多方面的条件限制，对比深圳，广州研发投入明显不足。如何调动社会各界创新投入的积极性，强化企业研发投入不足，同时优化创新资源的配置，是广州强化产业发展后劲，实现发展动力转换的必然要求。广州应进一步解放思想，破除体制机制障碍，立足中新知识城、科学城、广州高新区、琶洲互联网创新集聚区、生物岛、大学城等形成的科技创新走廊，建设国际创新枢纽，加快建设珠三角国家自主创新示范区和全面创新改革试验核心区。同时，积极探索事前资助、事中补贴、事后奖励及购买等多种形式的创新财政扶持方式，加快落实"1＋9"科技创新及人才政策，强化创新资源集聚的政策扶持力度。

3.4 科技成果转化有待加强

广州具有良好的研发基础与条件，但产品创新能力，特别是高新技术产品及产业发展速度与实力，与同处广东的深圳具有较大差距。如何加快科技成果的转化，充分发挥研发实力，特别是基础研发实力，实现从科技实力到产业实力的转化，是广州亟待解决的重大问题。加快推进科技成果收益分配制度改革，充分调动科研人员及市场主体的科技成果转化积极性，从而打通从实验室到市场之间的"最后一公里"，是解决问题的关键。首先是完善体制机制。在进一步健全完善科技成果市场定价机制、科技成果收益分配激励制度、职称评聘分类考核机制等措施的同时，拓宽思路，秉持"不为所有，但为所用"理念，打破行政隶属藩篱，构建普惠性科技成果转移转化奖励制度，集聚各方创新资源。其次是打造高端服务平台，减少成果转化中间环节。采取培育、共建、引进等多种方式，打造一批科技成果转移转化信息服务、交易代理、价值评估等高端专业科技服务机构；强化技术产业化"中试"环节的市场化渠道与机制建设，突破成果产业化的技术定型与产品定位。最后是大力加强科技成果转化专业性人才队伍建设。支持鼓励广州地区高校开设科技成果转移转化相关课程，加大相关专业人才的培养力度和市场供给能力；畅通职业发展通道，加快打造一支高水平、专业化的技术经纪人队伍。

3.5　营商环境有待进一步改善

广州营商主体良好，但有待进一步优化以适应创新驱动发展需要。具体内容如下。首先，继续强化基础设施建设，降低创新要素流动成本。快速与便捷成为人们所青睐的交通工具必备的要素。机场、高铁、城轨、码头建设以及航线、航道与路线开发与优化，对于构建现代交通体系，降低流通成本至关重要。其次，加快信息网络基础设施建设，打造智慧城市。构建高校现代信息服务体系，对于发展数字经济、构建服务型政府、降低生产与生活成本，具有举足轻重的作用。最后，强化知识产权保护，营造公平合理的制度环境。知识产权制度是现阶段激发社会创新活力的制度保证，强化知识产权保护，有助于集聚创新资源，而大力推进服务型政府建设，确立公平合理的财政、金融政策，是营造公平合理营商环境的不二选择。

参考文献

［1］ P. C. Cheshire, I. R. Gordon. Territorial competition: Some lessons for policy ［J］. 《Annals of Regional Science》, 1998, 32 (3): 321 – 346.

［2］ Douglas Webster, Larissa Muller. Urban competitiveness assessment in developing country urban regions: the road forward ［R］. Paper prepared for Urban Group. INFUD *. The World Bank. Washington, D. C, 2000.

［3］ Iain Begg. 1999. Cities and Competitiveness ［J］. Urban Studies, 1999, 36 (5/6): 795 – 809.

［4］ 帕特里克·格迪斯. 进化中的城市: 城市规划与城市研究导论 ［M］. 中国建筑工业出版社, 2012, 01.

［5］ 彼得·霍尔. 世界大城市 ［M］. 中国建筑工业出版社, 1982, 08.

［6］ I. R. Gordon & P. C. Cheshire. 'Locational Advantage and the Lessons of Territorial Competition in Europe's Paper Prepared for the International Workshop on ' Theories of Regional Development: Lessons for Policies of Regional Economic Renewal and Growth'. Uddevalla ［J］, Sweden, 14th – 16th, June, 1998.

［7］ William F. Lever& Ivan Turok, Competitive Cities: Introduction to the Review, Urban Studies ［J］, May, 1999.

［8］ Peter Karl Kresl. The Determinants of Urban Competitiveness, in Kresl. P . and Gappert, G. (eds) North American Cities and the Global Economy: Challenges and Opportunities, Urban Affairs Annual Review ［J］. 1995.

［9］ Markku Sotarauta & Reija Linnamaa, Urban Competitiveness and Management of Urban Policy Networks: Some Reflections from Tampere and Oulu ［C］, Presented in conference Cites at the Millenium, 1998. London. England.

［10］ 刘冰, 周玉斌. 交通引导城市 ［M］. 上海: 同济大学出版社, 2011, 8.

［11］ 陈雪明. 国际大城市带综合交通体系研究 ［M］. 北京: 中国建筑工业出版社, 2013, 6.

［12］ 邵黎霞, 裴玉龙. 城市道路与交通 ［M］. 科学出版社, 2010, 9.

［13］ 陈静. 浅谈城市交通运输对城市经济发展的影响 ［J］. 改革与开放, 2009 (8): 30~31.

［14］ 李光军. 北京市社会经济发展对城市交通的影响分析 ［D］. 北京: 北京交通大学, 2007.

［15］ 梁升业. 交通运输的发展对城市经济发展的影响研究 ［J］. 中国外资, 2008 (11): 225~225.

［16］ 王云峰, 徐咸玉. 增强广州中心城市辐射带动作用的对策研究 ［J］. 探求, 2013 (5): 86~91.

［17］ 王成芳. 广州轨道交通站区用地优化策略研究 ［D］. 广州: 华南理工大学, 2013.

［18］ 马小毅. 广州市综合交通发展战略 (2010~2020) ［J］. 城市交通, 2011, 09 (2): 53~59.

［19］ 张晓明, 赖寿华. 广州新一轮城市空间布局下的交通发展战略思考 ［J］. 城市规划学刊, 2006 (4): 68~75.

［20］ 杨宇正, 卢斌. 广州铁路枢纽规划方案研究 ［J］. 铁道运输与经济, 2012, 34 (6): 38~42.

［21］ 姜伟. 广州铁路枢纽货运场站布局优化研究 ［J］. 铁道货运, 2007 (1): 5~7.

［22］ 黄小彪, 葛春凤. 广州建设国际航运中心的发展环境与战略定位 ［J］. 港口经济, 2016 (2): 39~43.

[23] 李妍，赖伟行．广州对标世界先进建设国际航运中心 [J]．珠江水运，2015（21）：35～38．

[24] 张燕，冯邦彦．港口与直接腹地的相关性研究：上海港、深圳港和广州港的比较 [J]．产经评论，2011（2）：53～61．

[25] 朱巍．成都市城市交通与城市空间结构相互关系研究 [J]．西南交通大学，2005（05）：22～28．

[26] 季必发．加快推进杭州公共交通发展的对策研究 [J]．现代城市，2016（2）：19～22．

[27] 黄海珊，任先博，巫烜．广州南沙港"突围"记 [J]．珠江水运，2016（13）：30～33．

[28] 广州市交通规划研究院．2005～2015年广州市交通年报 [Z]．

[29] 广州市政府．2005～2015年广州市统计年鉴 [Z]．

[30] 张建武，袁群华．广州创新体系改革的现状及改进对策——基于国内外的创新体系改革经验与启示 [J]．城市观察，2017（02）：45～62．

[31] 刘艳春，孙凯．中国区域创新绩效评价的影响因素研究——基于面板数据空间杜宾模型计量分析 [J]．工业技术经济，2016，35（10）：55～62．

[32] 王香花，苏彩平．基于创新系统视角的区域自主创新能力评价 [J]．统计与决策，2016（18）：58～61．

[33] 齐晶晶．国家自主创新示范区创新体系效能的评价与比较 [J]．统计与决策，2015（24）：49～52．

[34] 谭俊涛，张平宇，李静．中国区域创新绩效时空演变特征及其影响因素研究 [J]．地理科学，2016，36（01）：39～46．

[35] 白俊红，蒋伏心．协同创新、空间关联与区域创新绩效 [J]．经济研究，2015，50（07）：174～187．

[36] 丁重，邓可斌．构建广州创新型城市产业体系的战略研究——基于内生技术增长理论视角 [J]．岭南学刊，2013（01）：90～96．

[37] 郭丽娟，仪彬，关蓉，王志云．简约指标体系下的区域创新能力评

价——基于主基底变量筛选和主成分分析方法 ［J］. 系统工程，2011，29（07）：34～40.

［38］许崴，林海明. 广东省区域创新能力动态分析——兼论区域创新能力评价指标体系的构建 ［J］. 广东商学院学报，2009，24（04）：75～80.

［39］关长海. 城市现代服务业竞争力研究 ［D］. 天津大学，2007.

［40］周轶昆，Wang Jing. 深圳高新技术产业自主创新的发展历程回顾与思考 ［J］. 中国经济特区研究，2011（01）：105－111，272～282.

［41］李拓晨. 我国高新技术产业竞争力评价研究 ［D］. 哈尔滨工程大学，2008.

［42］黄小军，陈红川. 高新技术产品产值影响因素实证研究——以广州为例 ［J］. 科技管理研究，2012，32（16）：61～64.

［43］陈宇琳. 特大城市外来商业服务业人口发展规律初探——以北京、上海、广州为例 ［J］. 现代城市研究，2016（11）：59～64，92.

［44］聂淑花. 广州市服务业竞争力研究 ［D］. 广东外语外贸大学，2015.

［45］姜怀宇，杨青山. 我国城市发展转型中制造业重要性分析：以广州为例 ［J］. 经济地理，2012，32（08）：78～83.

［46］刘佳杰，姚凤桐. 服务业竞争力与服务业经济增长的实证研究——基于我国36个主要大中城市的数据 ［J］. 内蒙古科技与经济，2011（02）：5～8.

［47］Peter Hall. The World Cities ［M］. New York：McGraw－Hill Book Company，1979.

［48］Sotarauta M，Linnamaa R. Urban Competitiveness and Management of Urban Policy Networks：Some Reflections From Tampere and Oulu ［M］. London：Conference Cities at the Millenium，1998.

［49］Florida. R. The Rise of the Creative Class：And How It's Transforming Work，Leisure，Community，and Everyday Life ［M］. New York：Basic Books，2002.

［50］Storper，M. The Regional World：Territorial Development in a Global Economy [M] . New York：The Guilford Press，1997.

[51] Scott A. J. Global City Region：Trends，Theory，Policy [M] . Oxford：Oxford University Press，2001.

[52] Brenner，Neil. New State Spaces：Urban Governance and the Rescaling of Statehood [M] . Oxford：Oxford University Press，2004.

[53] Michael E. Porter. The Competitive Advantage of Nations [M] . London：Macmillan，1990.

[54] 陈悦、陈超美. 引文空间分析原理与应用：CiteSpace 实用指南 [M] . 北京：科学出版社，2014.

[55] Small H. Co - citation in the Scientific Literature：A New measure of the Relationship between Two Documents [J] . Journal of the American Society for Information Science，1973，24（4）：265 - 269.

[56] John Friedmann. The World City Hypothesis [J] . Development and Change，1986，17：69 - 83.

[57] Harvey D. From Managerial - ism to Entrepreneurial - ism：The Transformation in Urban Governance in Late Capitalism [J] . Geografiska Annaler Series B，Human Geography，1989，71B（1）：3 - 17.

[58] Peter Karl Kresl，Balwant Singh. Competitiveness and the urban economy：twenty - four large US metropolitan areas [J] . Urban Studies，1999，36：1017 - 1027.

[59] Furman J. L，M. E. Porter and S. Stern，"The Determinations of National Innovative Capacity [J] . Research Policy，2002，6：899 - 933.

[60] Camagni R，Gibelli M C，Rigamonti P. Urban mobility and urban form：the social and enviromental costs of different patterns of urban expansion [J] . Ecological Economics，2002，40（2）：199 - 216.

[61] Turok. I and Bailey. N. Twin track cities? Competitiveness and cohesion in Glasgow and Edinburgh [J] . Progress in Planning，2004，62（3）：135 - 204.

[62] Scott, A. J. Entrepreneurship, innovation and industrial development: Geography and the creative field revisited [J]. Small Business Economics, 2006, 24: 1 – 24.

[63] Hollands R G. Will the real smart city please stand up? Intelligent, progressive, or entrepreneurial? City Analysis of Urban Trends [J]. Culture, Theory Policy Action, 2008, 12 (3): 303 – 320.

[64] Jiang Y, Shen J. Measuring the urban competitiveness of Chinese cities in 2000 [J]. Cities, 2010, 27: 307 – 314.

[65] Scott, A. J. Creative Cities: Conceptual Issues and Policy Questions [J/OL]. Journal of Urban Affairs, 2006, 28 (1): 1 – 17. http://dx. doi. org/10. 1111/j. 0735 – 2166. 2006. 00256. x

[66] Turok. I. 'Scottish Urban Policy: Continuity, Change and Uncertainty Post – Devolution', in C. Johnstone&M. Whitehead (eds.) New horizons in British urban policy: Perspectives on New Labour's Urban Renaissance [C]. Aldershot: Ashgate, 2004, 111 – 128.

[67] 倪鹏飞. 中国城市竞争力理论研究与实证分析摘要 [J]. 城市, 2001 (01).

[68] 上海社会科学院城市综合竞争力课题组. 城市综合竞争力及中国特色 [J]. 中国城市报道, 2001 (07).

[69] IUD 课题组. IUD 城市竞争力动态模型 [J]. 领导决策信息, 2002 (04).

[70] 宁越敏, 唐礼智. 城市竞争力的概念和指标体系 [J]. 现代城市研究, 2001 (03).

后 记

经过一年多断断续续的研究与写作，在各方的督促下，本书终于仓促成稿。毫无疑问，"一线城市"并不是一个严格意义上的学术问题，本书实际上是试图对社会热点话题的回应。在梳理国内外有关城市竞争力已有研究成果的基础上，本书提出了一个包含经济总量、产业结构、营商环境及创新能力等多个维度的城市综合竞争力评价指标体系。同时参考社会"一线城市"榜单，选择了北京、上海、广州、深圳、天津、杭州等城市作为比较研究的样本。其中，北京、上海、深圳作为我国改革开放以来经济快速发展的典型，天津作为环渤海湾区域的代表，杭州作为互联网等新兴经济快速发展的代表，而成都则作为西部城市的代表。虽然，作者已尽力搜集资料，但限于水平及能力，本书无论理论框架还是相关结论，肯定存在一些不足甚至错误，有待各位专家批评、指正！

书稿选题及写作得到了广州市人文社科重点研究基地"广州市技术创新与经济转型研究中心"支持，以及广东工业大学等单位有关专家、教授的帮助与指导。广东工业大学李嘉苹、黄莹莹、林乐超、容林生等同学参与了本书有关数据的搜集与整理，以及部分章节初稿的前期工作，在此一并感谢！当然，文责自负。

图书在版编目（CIP）数据

广州退出一线城市了吗？：城市综合竞争力比较研
究/王明亮，张清霞著. -- 北京：社会科学文献出版
社，2019.12
 ISBN 978 - 7 - 5201 - 4560 - 2

 Ⅰ.①广⋯ Ⅱ.①王⋯ ②张⋯ Ⅲ.①城市 - 竞争力
 - 研究 - 广州 Ⅳ.①F299.276.51

 中国版本图书馆 CIP 数据核字（2019）第 054687 号

广州退出一线城市了吗？
——城市综合竞争力比较研究

著　　者/王明亮　张清霞

出 版 人/谢寿光
责任编辑/周雪林
文稿编辑/刘如东

出　　版/社会科学文献出版社·城市和绿色发展分社 （010）59367143
　　　　　地址：北京市北三环中路甲 29 号院华龙大厦　邮编：100029
　　　　　网址：www.ssap.com.cn
发　　行/市场营销中心（010）59367081　59367083
印　　装/三河市龙林印务有限公司

规　　格/开　本：787mm × 1092mm　1/16
　　　　　印　张：16.25　字　数：240 千字
版　　次/2019 年 12 月第 1 版　2019 年 12 月第 1 次印刷
书　　号/ISBN 978 - 7 - 5201 - 4560 - 2
定　　价/78.00 元

本书如有印装质量问题，请与读者服务中心（010 - 59367028）联系